Ocke Aukes

Zum Strand – immer geradeaus

BORKUM

Inselgeschichten

Wartberg Verlag

Impressum

Bildnachweis:

Tjard Steemann: Titelbild, 11, 18, 39, 56, 57, 58
Archiv Heimatverein: S. 19, 26, 28, 33, 49, 52, 70, 77
Edith Conrads: S. 14, 15, 21, 34, 35, 48
M+B. Knels: S. 75
Firma Foto J. Hömberg: S. 41
Firma Borkumfoto R. Grigoleit: S. 6, 64, 65, 79

1. Auflage 2009

Layout: Attila Jo Ebersbach, Kassel
Druck: Thiele & Schwarz, Kassel
Buchbinderische Verarbeitung:
Buchbinderei Büge, Celle

34281 Gudensberg-Gleichen, Im Wiesental 1
Telefon (0 56 03) 9 30 50
www.wartberg-verlag.de
ISBN: 978-3-8313-2070-7

Inhalt

Vorwort

AUF BORKUM IST alles anders!“ Ein Spruch, den man an mancher Hauswand auf der Insel findet. Die Insulaner sagen zum Beispiel zu einem Hut *Haut* und zur Haut *Hut*. Doch ich denke, der Erfinder des Spruches „Auf Borkum ist alles anders“ hatte nicht die Plattdeutsche Sprache im Sinn. Er dachte dabei eher an das Leben der Insulaner, das so einen ganz anderen Rhythmus als das auf dem Festland hat und an die Menschen, die mit ihrer trockenen und humorvollen Art den Gezeiten und Stürmen des Lebens trotzen.
Liebevoll nennt der Borkumer seine Heimat den „schönsten Sandhaufen der Welt“. Jahr für Jahr überzeugen sich Tausende von Badegästen davon und schließen sich dieser Meinung an. Borkum ist eine Reise wert. Seit die Insel vom Tourismus lebt, entstanden bis zum heutigen Tage Generationen von touristischen „Wiederholungstätern“, unseren Stammgästen. Diese Menschen sind uns die liebsten. Man kennt sich, man mag sich, man weiß um die gegenseitigen Stärken und Schwächen und man muss nicht viel erklären, denn die Insulaner sind, wie alle Ostfriesen, ein wortkarges Volk. Doch gibt es auch Ausnahmen. Von jenen Menschen will Ihnen dieses Buch mit Bildern und Geschichten, die sich so oder so ähnlich zugetragen haben, ein paar schöne Lesestunden bereiten. Seemannsgarn kann selbstverständlich auch dabei sein, wer weiß das schon so genau!

Ocke Aukes

Der Anfang einer langen Liebe

BORKUM IST DIE westlichste und größte der ostfriesischen Inseln. Man kann sie mit dem Flugzeug oder mit dem Schiff erreichen. Eine Badegastdame, seit dieser Geschichte Stammgast unserer Insel, erzählte folgende Geschichte:

Bereits beim Betreten eines der Fährschiffe zur Insel Borkum brach meine vierzehnjährige Tochter in Begeisterungsstürme aus. An diesem wunderschönen Septembermorgen mit angenehmen sommerlichen Temperaturen versprach die zweieinhalbstündige Überfahrt von Emden auf dem Oberdeck ein Genuss zu werden. „Schließlich sind wir in der südlichen Nordsee", belehrte ich meine Tochter, die augenscheinlich gar nicht zuhörte und mit rot glühenden Wangen zielstrebig den Bug des Schiffes ansteuerte.

Wie kann sich ein Teenager nur so für weiße Schiffe begeistern, dachte ich in ihrem Kielwasser hinterhereilend, ehe ich eines Besseren belehrt wurde.

Ihre Begeisterungsstürme galten weder diesem schmucken Dampfer noch der rauschenden See um uns herum, sondern eher den vier sympathischen Jungen, die auf Kunststoffbänken saßen und unter den sprudelnden Worten meiner Tochter gelassen blieben. Mir war es ganz recht, dass sie anscheinend auf bekannte Mitschüler gestoßen war und somit etwas zu tun hatte. Ich ließ mich seufzend auf einer Bank nieder. So konnte ich die Überfahrt zur Insel in Ruhe genießen. Das blaue Meer, auf dem sich winzige weiße Schaumkronen auf den Wellenkämmen zeigten, roch würzig nach Algen, Salz und Gesundheit.

Ich schloss für Minuten die Augen und öffnete sie erst wieder, als die Schiffsmotoren meldeten, dass die Fähre vom Emder Außenhafen abgelegt hatte und sich auf die Reise ins Hochseeklima begab.

Borkum ist die einzige Insel, die neben Strandkörben auch Strandzelte hat.

„Sie sind so was von süß“, verkündete meine Tochter eben, ehe sie sich neben mir niederplumpsen ließ. Ich musste wohl in der Sonne eingenickt sein. „Die Möwen?“ Mein Blick fiel auf ein schönes weißes Exemplar, auf Augenhöhe unweit der Reling scheinbar in der Luft stehend und laut kreischend. Ihre gelben Augen taxierten mich, der tierische Schrei klang, als gelte er mir.

„Und sie haben ganz normal mit mir gesprochen.“

„Wer, Schatz?“

„Mama!“ Vorwurfsvoll schaute sie mich an, wobei sie den Rest ihrer angekauten Brotstulle über Bord warf. Der Vogel erreichte seine Beute, noch ehe diese die Wasseroberfläche berührte.

„Hörst du mir denn gar nicht zu? Das ist echt geil!“ Verwirrt schaute ich vom Gesicht des Vogels in das meiner Tochter. „Geil?“ Ich hasse dieses Wort.

„Wenn ich das meinen Freundinnen erzähle, die glauben mir nie!"
„Schatz, es sind doch nur Möwen." Was war an denen so besonders, dass es diese Begeisterung weckte? Meine Tochter winkte den vier Jungen und lächelte so entzückend, wie schon lange nicht mehr. Ich folgte ihrem Blick, doch mich interessierten sechszehnjährige Bengels weniger, zumal in diesem Moment eine grüne Boje im azurblauen Wasser vorbeitrieb. Seezeichen fand ich äußerst interessant und sagte es auch.
„Mama!", tadelte sie erneut. „Wie kannst du nur nach diesen blöden Dingern gucken, wenn gleich dort die coolste Band aller Zeiten sitzt. Das da ist ..." Den Namen werde ich mir nie merken können.
„Diese Rockband kennt jedes Kind und du schaust auf so blöde Kutter." Verächtlich zeigte sie in die Ferne. Tatsächlich, ein Kutter. Ich ließ mich von ihrer Begeisterung anstecken. Das Fischerboot kam beträchtlich schnell näher, bereits Minuten später konnte ich die ausgestellten Netze erkennen. Als Fähre und Kutter dicht aneinander vorbeifuhren, meinte ich den typischen Fischgeruch in meiner Nase zu haben. Im brodelnden Kielwasser sammelten sich Scharen von Silber- und Lachmöwen. Ich fuhr mir mit der Zunge über die Lippen, die salzig schmeckten. Plötzlich verspürte ich Heißhunger auf Matjes, Rollmops oder Heringssalat.
Als eine Schaukelbewegung anzeigte, dass die Fähre ins Borkumer Fahrwasser einbog, waren Kutter und Möwen verschwunden. Der kleine rotweiße Turm am Ende des Leitdammes blitzte im Sonnenlicht. Er wirkte wie aus Zuckerguss. Im Hintergrund war die Insel Borkum zu sehen. Drei Leuchttürme, zwei runde und ein eckiger, sowie eine Kirchturmspitze, davor die grünen Streifen der hohen Dünen und der schneeweiße Sandstrand, der einladend ausschaute. Schon glaubte ich den Geruch von Badeöl in der Nase zu haben. Meine Nase trog mich

nicht. Eben rauschte eine Badenixe mit bunter Strandtasche, riesiger Sonnenbrille und lustigem Strohhut an mir vorbei dem Schiffsausgang entgegen.
„Was hältst du davon, wenn wir gleich baden gehen?“
„Keine Zeit.“
„Wie, keine Zeit? Schließlich sind wir doch deswegen hergefahren.“
„Du kannst ja gehen, ich jedenfalls habe eine Verabredung mit den Jungs von der Band.“ Ihre Augen leuchteten und die Wangen glühten. Ob vor lauter Freude oder vom Sonnenbrand des zweistündigen Deckaufenthaltes, konnte ich nicht entscheiden.
Die nostalgische Inselbahn brachte uns in ihren bunten Waggons zum Inselbahnhof. Schnellen Schrittes eilte ich die Flaniermeile hoch, dem Strand entgegen, meine Tochter war bereits in einer der kleinen Inselstraßen verschwunden. „Bis heute Abend“, konnte ich eben noch hören.
Meine Tasche landete mit Schwung in einem der bunten Strandkörbe und mein Körper kurze Zeit später in den blauen, doch schon recht kalten Fluten. Ausgiebiges Schwimmen macht hungrig. Eine schmackhafte Terrine Erbenssuppe von einer der Milchbuden am Strand half mir über die Mittagsstunden hinweg, ehe es auch schon Zeit wurde, die Siebensachen zusammenzupacken. Das letzte Schiff zurück nach Emden ging in den späten Nachmittagsstunden. Am Inselbahnhof traf ich auf meine Tochter, die vor lauter Glück nur so strahlte, sie hatte den ganzen Tag in Begleitung der coolen Jungs verbracht. Dieser Tagesausflug sollte der Anfang einer langen Liebe zu unserer Urlaubsinsel sein.

Ein großer Schatz

ALLE INSELWEGE führen unweigerlich irgendwann einmal jeden in die Mitte des Eilandes zum alten Leuchtturm, dem ältesten Bauwerk auf der Insel. Zu seinen Füßen liegt ein alter Friedhof. Hier stehen Grabsteine, die mit Totenköpfen und gekreuzten Knochen verziert worden sind, dem „Wappen“ aller Piraten.

Einer der größten Seeräuber der Nordsee war Klaus Störtebeker. Es geht die Saga, dass ein großer Teil seines damaligen Schatzes auf Borkum vergraben sein soll und zwar im Gebiet der Wolde-Dünen. „Wenn de Wolde-Dünen konden spreeken, zoll het Borkum noit an Gold gebreken!“ Ein uralter Spruch, der nicht in Vergessenheit geraten ist. Wenn die Wolde-Dünen sprechen könnten, sollte es Borkum nie an Geld mangeln.

Klaus Störtebeker wurde 1401 in Hamburg hingerichtet. Jedes Kind kennt die Geschichte seiner Hinrichtung mit dem abgeschlagenen Kopf, der denjenigen Seeräubern die Freiheit brachte, an denen der kopflose Pirat vorbeilief. Störtebeker hat somit noch im Tode elf seiner Leute das Leben gerettet. Man erzählt, es wären noch mehr geworden, hätte der Scharfrichter ihn nicht zu Fall gebracht. Klaus Störtebeker soll ein gutes Herz gehabt haben. Wie Robin Hood hat er die Armen beschenkt und der Kirche gespendet.

Der Rest seiner Beute wurde zu gleichen Teilen unter den Seeräubern aufgeteilt. „Liekedeeler“ nannten sie sich, „Gleichteiler“ ist das deutsche Wort dafür. Störtebekers bester Freund war Gödeke Michel, und beiden Freibeutern ist auf Borkum eine Straße gewidmet worden. Stützpunkt der Piraten war neben Marienhafe die Insel Borkum. Noch heute geht die Saga, in den „Wolde Dünen“ liege ein mit Gold gefüllter Mast vergraben, den bisher keiner gefunden hat. So manch einer mag schon in Borkums Dünen danach gesucht haben.

Um eine vernünftige Schatzsuche anzugehen, sollte man damit beginnen, Fakten zu sammeln und auszuwerten, ehe man planlos irgendwo Löcher gräbt, denn im Laufe der Jahrhunderte hat die Insel sich durch Stürme und Fluten verändert. Da liegt es nahe, sich an Dinge zu halten, die sich niemals ändern werden. Dazu gehören die Sternbilder, nach denen schon die alten Seefahrer ihren Weg fanden, sowie die Längen- und Breitengrade. Aus Piratenfilmen wissen wir, dass alle Seeräuber, so auch Störtebeker und Konsorten, Hinweise zum Versteck gelegt haben müssen, um dieses wiederzufinden. Ob diese Wegweiser nun für sich selbst oder ihre Nachfahren bestimmt waren, bleibt unserer Fantasie überlassen. Auf Borkum gibt es jedenfalls einige dieser Zeichen. Einen Hinweis auf den Schatz will ich Ihnen verraten.

HIER LEGT BEGRAVEN
GERRIT DANIELSZ
MEYER IST GESTORVEN
DEN5.FEBRUARY 1741

So lautet die Inschrift auf einem der Grabsteine auf dem kleinen Friedhof neben unserem alten Leuchtturm. Wie sich jetzt herausstellte, sollen die unregelmäßig gehauenen Abstände in den Buchstaben und Sterbedaten kein schlampiges Missgeschick des damaligen Steinmetzes sein, sondern sind mit Absicht hineingearbeitet worden. Hierin und in weiteren Details versteckt sich eine Nachricht, die nach zweihundertsiebenundsechzig Jahren endlich entschlüsselt werden konnte.
Bei genauerer Betrachtung stellen wir Folgendes fest: Die 5 ist mit einem Punkt an den February herangerückt und die beiden Einsen der Jahreszahl 1741 sehen eher aus wie ein J, sodass der treffende Eindruck entsteht, sie gehören nicht zur Zahl. Zwischen der 7 und der 4 findet man einen haarfeinen Minusstrich.

Es handelt sich bei diesem Grabstein um eine Kopie. Das Original ist im Heimatmuseum zu besichtigen.

Sieben minus vier gerechnet ergibt drei. Plus die Fünf und der zu nahe herangerückte Punkt als Gradzeichen betrachtet, ergibt 53°.

IS OUT GEWEEST 60
Heißt: ist alt gewesen 60. Drehen wir diese Zahl herum, ergibt es 06°.

JAREN . EN SYN
HUYSVROUW.IS
GESTORVEN DEN
MAET1747.IS.OUT
GEWEEST 72IAREN

Das Wort „is“ steht zwischen zwei Punkten, die zu nah herangerückt und nicht auf die untere Linie gesetzt sind, sondern sich in halber Höhe befinden. Sie gehören nicht dahin, was augenscheinlich nochmals auf die winzige Null als Gradzahl verweisen soll. Betrachtet man die einzelnen Buchstaben genauer – beispielsweise steht dort Iaren statt Jahren – sehen einige Schriftzeichen verwitterter aus als andere, obgleich sie selben Alters sind. Diese Buchstaben zusammengestellt ergeben den Namen – Goedege Mihels – wie wir alle wissen, ein Likedeeler und Bundesgenosse Störtebekers.
Dieser Name in Verbindung mit den angegebenen Längen- und Breitengraden (53° N – 06° E), und schon haben wir den Ort, an dem Störtebekers legendärer Schatz vergraben liegt. Mit hochmodernen Geräten ist es heute ein Leichtes, diese Stelle zu finden.
53° 35.289 N und 06° 39.846 E ist ganz genau die Stelle, an der zur Zeit der Aufstellung des Grabsteines, also 1741, ein Vogthaus stand. Jenes Haus also, von dem die damalige Staatsgewalt ausging. Kein Grund jedoch, sofort zur Schaufel zu greifen, um dort den Sand aufzuwühlen und den Schatz zu heben, denn haargenau an dieser Stelle steht heute unser Polizeigebäude.
Nun liegt es an Ihnen, liebe Leser, zu entscheiden, ob es sich hierbei um das Ergebnis einer seriösen wissenschaftlichen Untersuchung, einer Ironie des Schicksals, Seemannsgarn oder einfach nur um die fantasiereichen Hirngespinste einer Schriftstellerin handelt.

Franzosen küssen nicht

DIE STRANDSEGELREVIERE auf Borkum verlaufen nördlich vom Hauptbadestrand bis zur Spitze der Insel, von der aus man bei guter Sicht die Nachbarinsel Juist sehen kann. Wandert man jedoch in südlicher Richtung, kommt man über die lange Strandpromenade bis zur „Heimlichen Liebe“. Ab hier beginnt der Südstrand. Vom Restaurant „Heimliche Liebe“ aus tönten bis in die 70er-Jahre hinein Schiffsbegrüßungen über den Strand. Übers Mikrofon wurde den Gästen die jeweilige Nationalhymne vorgespielt und ihnen dann mitgeteilt, welches Schiff gerade vorbeikam, unter welcher Flagge es fuhr, was es transportierte, woher es kam und wohin es wollte. Später musste diese schöne Tradition eingestellt werden, da keine Sendelizenzen für Privatstationen mehr erteilt wurden. Namhafte Künstler wie Curt Jürgens sollen damals zu Gast gewesen sein und angeblich mit goldenem Besteck gespeist haben.

Das Gebäude der „Heimlichen Liebe“ ist um und auf einem alten Bunker gebaut. Das „Storchennest“ mit dem mit Reet gedeckten runden Dach und dem passenden Storch gehört seit Jahrzehnten zum Bild des Südstrandes. Für eine kleine Gruppe beleidigter Frauen konnte es keinen besseren Ort als die „Heimliche Liebe“ geben, um Rachepläne gegen einen Franzosen zu ersinnen, der – entgegen dem geläufigen Vorurteil – sich weigerte, sie zu küssen.

„Das ist mir die verlorene Wette wert!“ Anke lachte und öffnete eine Sektflasche.

„Aber jetzt erzählst du uns, wie du das gemacht hast!“ Das wollten auch Janne und Paula wissen, die ihr Sektglas erhoben hatten.

„Dieser sture Bock“, schüttelte Paula den Kopf. „Der hat noch nie eine von uns geküsst.“

Strandburgen am Strand vor der „Heimlichen Liebe“, 1950.

„Die Französen sind ein bisschen geck in die Kopf“, meinte auch Janne mit ihrem hübschen niederländischen Akzent.

Die vier fröhlichen und selbstbewussten Frauen gehörten zum Organisationskomitee einer Segelmeisterschaft auf unserer schönen Insel. In diesem Jahr war die Anzahl der Teilnehmer besonders groß. Aus vielen europäischen Nachbarstaaten waren sie angereist.

Die Siegerehrung war ähnlich wie bei der Tour de France. Am Ende eines jeden Tages wurde der Tagessieger gekürt. Die besten drei wurden auf die Bühne gerufen, bekamen vom Bürgermeister die Hand geschüttelt und von einer hübschen Dame aus dem Organisationsteam den Tagespokal überreicht. Dieser Pokal wurde vom Sieger in traditioneller sportlicher Art, also Küsschen auf beide Wangen der überreichenden Dame, entgegengenommen. Alle hielten sich an diese Spielregel, nur besagter „sturer Bock“ nicht. Das wäre nicht weiter schlimm gewesen, hätte er nicht jeden Tag den ersten

Damen vor dem Südstrand, 1955.

Platz erreicht. Abend für Abend heimste er einen Pokal ein, und immer drückte er sich davor, die Dame, die allabendlich wechselte, zu küssen. Das ärgerte die Frauen. So was tut man nicht. Keine verspürte mehr Lust, ihm den Pokal zu überreichen.

Am Ende der Wettkampfwoche zeichnete sich ab, dass besagter sturer Franzose Meister werden würde. Keine der vier Frauen wollte am feierlichen Abschlussabend den Pokal überreichen und die Schmach, ungeküsst zu bleiben, über sich ergehen lassen. Eine Stunde vor der großen feierlichen Abschlussgala saßen die vier beisammen, um das leidige Thema zu besprechen.

„Okay, wenn keine es machen will, überreiche ich den Pokal", sagte Frauke. „Was lasst ihr springen, wenn ich es schaffe, ihn zum Küssen zu zwingen?"

„Das schaffst du nie", meinte Paula.

„Wie willst du das machen", wollte auch Janne wissen.

„Sekt, so viel du trinken kannst", hielt Anke großzügig die Wette.

Der feierliche Abschlussabend begann. Die aktiven Sportler mit Begleitung, Honoratioren der Stadt und viele geladene Gäste strömten in festlicher Kleidung in den Saal. Eine Kapelle spielte leise Musik, die Gäste ließen sich das üppige Buffet schmecken.
Das Orchester spielte einen Tusch, Organisationschef und Bürgermeister betraten die Bühne und hielten eine kurze Rede. Dann begann der feierliche Akt. Die Sportteilnehmer, beginnend vom letzten Platz an, wurden auf die Bühne gebeten und geehrt.
Dann kam der Augenblick, auf den alle gewartet hatten. Die Gewinner der ersten drei Plätze standen auf ihren Treppchen. Das Orchester spielte die Nationalhymne des Siegers, von der Decke wurde die Nationalflagge langsam heruntergelassen. Den Teilnehmern stand eine Träne der Rührung in den Augen.
Die Musik verstummte. Der Pokal für den dritten und zweiten Platz überreicht. Küsschen links, Küsschen rechts. Jetzt kam der Sieger. Frauke schüttelte ihm die Hand, hielt den Pokal und siehe da, der siegreiche Franzose küsste sie brav auf beide Wangen. Nur die nahe an der Bühne sitzenden Zuschauer sahen seinen leicht verkniffenen Gesichtsausdruck, den er schnell wieder im Griff hatte, als das Blitzlichtgewitter der Fotografen niederging.
„Jetzt spann uns nicht weiter auf die Folter! Erzähl uns endlich, wie du das gemacht hast", drängte Anke.
„Ganz einfach", sagte Frauke, holte tief Luft und schaute ihre Freundinnen triumphierend an. „Ich dachte mir, die Hand zur Gratulation wird er mir schon reichen. Reflexbewegung – das steckt im Menschen drin! Also streckte ich ihm meine Rechte entgegen, in der linken Hand hielt ich den begehrten Pokal."
„Ja, und dann?"
„Dann habe ich seine Hand einfach nicht mehr losgelassen, so lange, bis er endlich kapierte."

Drinkeldodenkarkhoff

AUF GAR KEINEN FALL um Seemannsgarn, sondern um die nackte Wahrheit geht es, wenn man vom Tal der Toten spricht, dem „Drinkeldodenkarkhoff“.
Wie eine ganz normale Dünendelle, wie sie überall auf der Insel zu finden ist, sieht sie aus. Weder damals noch heute gab es dort Grabsteine, die einem mitgeteilt hätten, wer hier seine letzte Ruhestätte gefunden hat. Vereinzelt mal ein Holzkreuz, wenn man wusste, wen das Meer an Land gespült hatte. Hier an dieser Stelle blieben sie, die vielen namenlosen Toten, die das Meer anschwemmte, auf dem „Drinkeldodenkarkhoff“, dem Friedhof der Ertrunkenen, auch „Dodemannsdelle“, die Delle des toten Mannes genannt.
Vom Bahnhof kommend geht man die Hindenburgstraße runter, biegt in die Boeddinghausstraße links ein, am Kinderheim „Sankta Maria“ vorbei. Dort erheben sich zur rechten Seite die Dünen des „Drinkeldodenkarkhoffs“. Heute nicht viel mehr als einfaches Dünengelände, doch der Heimatverein beabsichtigt, dort eine Gedenkstätte einzurichten.
Früher fanden fast nur Männer den Tod auf See. In den Kirchenbüchern können wir folgende Einträge lesen: Unbekannte männliche Leiche, 20–25 Jahre alt, gut gekleidet, trug ein Medaillon mit dem Bild eines jungen Frauenzimmers, auf der andere Seite fand sich eine blonde Locke. Oder: Männliche Leiche am Strand angespült, trug einen goldenen Ring, in der Brieftasche befand sich ein Brief, adressiert nach Honolulu.
Fanden die Insulaner Wertsachen bei den Ertrunkenen, kauften sie davon fünf Holzbretter für einen Sarg. Für den Fall der Fälle trugen viele Seemänner damals nur deswegen einen goldenen Ohrring. Diejenigen, die nichts bei sich hatten, wurden in ein einfaches Tuch geschlagen und dann begraben. Einfache Holzkreuze schmückten die Stellen.

Das Heimatmuseum, hier der Eingang an der Upholstraße. Begrüßt wird der Besucher mit gekreuzten Walkinnladen.

Nachweislich ist nur ein einziger Insulaner in der „Dodemannsdelle" beigesetzt worden. Es handelte sich hierbei um den damaligen Amtsvogt, eine Art Steuereintreiber. Dieser verfügte laut Kirchenbuch Folgendes:
Er ward daher auf eigenen Wunsche, mit eigenem Wagen und seinen eigenen Pferden, von wenigen Menschen gefolgt, nach dem Nordwesten gefahren und daselbst in der Nähe des Großen Kaaps begraben.
Auf Borkum ist eben alles anders.

Ganz in der Nähe des Kaaps, einem steinernen Seezeichen, liegt die „Dodemannsdelle“.

Ein Gedicht, das heute kein Borkumer Schüler mehr lernt und das im Museum zu finden ist, geht wie folgt:

Mitten in den grünen Dünen
rund mit Kreuzen dünn besät,
liegt der Friedhof. Ernste Mahnung
an des Todes Majestät.

Hier in tiefer, tiefer Stille
ruhen unter Dorn und Sand,
sie, die einst das mitleidlose
Meer geworfen an den Strand.

Niemand kennet ihre Namen.
Keiner weiß, woher sie sind.
Einsam stehen ihre Gräber
Ungepflegt in Sturm und Wind.

Badekarren vor den Südbadehallen, in denen sich die Gäste umzogen, 1953.

Skummeln

SEIT ÜBER HUNDERT JAHREN lebt die Insel Borkum vom Tourismus, und ebenso lange kann man jedes Frühjahr das Gleiche beobachten. Sobald die Sonne ein wenig höher am Himmel steht und sich die ersten zarten Blätter zeigen, bricht unter den Insulanerinnen das „Skummelfieber“ aus. Die Herren ergreifen die Flucht, wenn an schönen Apriltagen Türen und Fenster aufgerissen werden, Teppiche und Matratzen herausfliegen, um an der Sonne zu lüften, die Waschmaschinen auf Hochtouren laufen, Staubsauger heulen und man überall über Eimer, Spülmittel und Lappen stolpert.

Es ist noch keine vierzig Jahre her, dass mit dem Einsetzen des Frühjahrsputzes für die Inselkinder ein Umzug innerhalb des Hauses unmittelbar bevorstand. Mit dem Frühjahrsputzbesen wurde die Jugend aus ihren Zimmern herausgefegt, um Platz für die kommenden Badegäste zu schaffen. Meist ohne zu murren, man kannte

es ja nicht anders, packten die Inselkinder ihre Siebensachen zusammen und bezogen ihr Sommerquartier, das sich entweder unter dem Dach, im Keller oder im Gartenschuppen befand. Doch damit nicht genug. Oft machte das Umräumen im Haus auch vor dem Wohnzimmer der Familien nicht halt, das in den Sommermonaten als Frühstückszimmer und Aufenthaltsraum von den Gästen genutzt wurde.
Der Verzicht des Wohnzimmers schmerzte oft sehr, bedeutete dies doch, dass wir keinen ungehinderten Zugriffs mehr auf den Fernseher hatten. Wir Kinder ärgerten uns fürchterlich, wenn wir sonntags auf unsere geliebte Serie „Bonanza" verzichten mussten, nur weil die männlichen Badegäste sich die Sportschau ansahen.
Doch nicht alle Insulaner vermieteten ihre Zimmer an Gäste, gleichwohl wurden diese Frauen ebenfalls vom Skummelfieber angesteckt. Die nachfolgende Geschichte erzählt davon:
Nach einem geschlagenen Vormittag Frühjahrsputz war Frau Lippert in einer furchterregenden Verfassung. Sie hatte dieses Unternehmen in einem Anfall von Wut und Hilflosigkeit unternommen. Schuld war die Sonne und der unangenehme Geruch, der seit Tagen durch das Haus wehte. Die Sonne brachte den salz- und sandverkrusteten Dreck an den Fenstern zutage, die in der grellen Maisonne schändlich verschmutzt aussahen. Jetzt roch das ganze Haus süßlich nach synthetischer Möbelpolitur und einem schmeichelhaften Duft nach Rosen.
Sie hatte mit Teppichschaum die klebrigen Überreste vom Perser geschrubbt, an der Stelle, an der ihr 25-jähriger Sohn Klaas immer saß. Sie hatte die Tüllgardinen heruntergenommen und in heißes Wasser getaucht, das sich beim ersten Kontakt dunkel verfärbte und einen unangenehmen Nikotingeruch verursachte. Jetzt hingen sie frisch duftend und tropfnass vor den polierten Fensterscheiben. Zwischenzeitlich hatte sie alle Staubflusen

aufgesammelt und sämtliche Möbel mit einem feuchten Lappen abgewischt.
Klaas' Zimmer hatte sie sich bis zum Schluss aufgehoben. Es war der einzige Raum im Hause, den sie nicht betreten durfte. Ihre schnuppernde Nase verriet ihr, dass der angenehme Rosenduft im Haus nicht lange vorhalten würde, wenn sie sich weiterhin an dieses Verbot hielt. Ihre Putzwut war noch nicht abgeklungen und Klaas würde so bald nicht nach Hause kommen.
Sein Zimmer hatte sie seit ewigen Zeiten nicht mehr betreten, er verschloss den Raum vor ihr. Was Klaas jedoch nicht wusste, sie besaß einen Zweitschlüssel. Vor der Tür blieb sie stehen. Sicherlich erwartete sie das reinste Höllenloch. Sie brauchte einige Zeit, um sich für das Betreten seines Heiligtums zu wappnen. Wieder schnupperte sie. Sie hatte recht, der unangenehme Geruch kam aus diesem Zimmer. Sie griff in ihre Kittelschürze, gab sich einen Ruck und öffnete die Tür.
Der Geruch war sonderbar. Das schmutzige Bettzeug, der Stapel Unterwäsche und Socken könnten die Erklärung sein. Sie ergriff beherzt, die Hände in gelben Gummihandschuhen, den Wäschestapel und trug ihn, vom Körper abhaltend, in die Waschküche. Als sie zurückkam, hatte sich der Geruch kaum gebessert.
Vor Wut schnaubend brachte sie einen Eimer heißes Wasser, einen Schrubber und diverse Putzlappen. Sie schob kurzerhand sein Bett beiseite, griff nach dem großen blauen Müllbeutel und versenkte alles darin, was sie hier fand. Angebissene Äpfel, Saftreste in Gläsern mit gelbgrüner Schimmelschicht, angebissene Stullen, deren Wurstbelag sich an den Ecken rollte und vieles mehr. Es wurde wirklich Zeit, ihrem arbeitsscheuen Sohn, der nicht dazu zu bewegen war, Pension Mama zu verlassen, ein paar entsprechende Worte zu verpassen. Heute Abend würde sie ihm eine gehörige Szene machen, das nahm sie sich fest vor.

Schnaubend brachte sie den Sack zur Mülltonne. Der Geruch hatte sich immer noch nicht gebessert. Etwas Merkwürdiges haftete ihm an. Ihr prüfender Blick ging über das Regal, unter den kleinen Tisch, dem Stuhl und in die Ecken. Sie kannte sein geheimes Versteck aus Kindertagen. Schnell stellte sie den Tisch beiseite, hob den runden Teppich an, löste eine Holzplanke und schaute in sein Geheimfach. Da war sie ja, ihre hochwertige und lang vermisste Frischhaltedose. Sie war so schön groß, es passte ein komplettes Kuchenblech voll hoch gebackenem Apfelkuchen hinein.

Der Deckel war nicht richtig verschlossen, einige Maden kamen herausgekrochen. Sie bückte sich tiefer, klappte den Deckel nach oben und schaute hinein. Ein Schwall faulig, tranig und fischig riechenden Geruchs schlug ihr entgegen. Sie erkannte sie sofort: Eine mit Seepocken besetzte Glasflasche hing in einem alten Netz, an dem sich zwei große tote Seesterne und einige Krebse verfangen hatten.

Gott war doch gerecht! Diese Flasche, bestückt mit einer selbst angefertigten Schatzkarte, hatte sie selbst vor langer Zeit aus einer albernen Laune heraus dem Meer anvertraut.

Ein zufriedenes Lächeln huschte über ihr Gesicht. Im Geiste sah sie Klaas in den Woldedünen große Löcher in den Sand schaufeln, um das Piratengold zu finden. Ein wonniger Schauer lief ihr über den Rücken, in Gedanken, ihn doch noch an schweißtreibende Arbeit bringen zu können. Klaas wird das Gold wohl bis heute nicht gefunden haben.

Ein Leuchtturm zieht um

SCHAUT MAN HEUTE auf den Borkumer Leuchtturm, sieht man ein Gebäude, das am 15. November 1879, nach nur neun Monaten Bauzeit, in Betrieb genommen wurde. Gleichwohl spricht man vom „neuen Leuchtturm“. Der runde, sich nach oben verjüngende Turm steht auf einem achteckigen fünfzehn Meter hohen Sockel. Der Turm ist etwas über sechzig Meter hoch. Dreihundertfünfzehn Stufen führen nach oben. Viele Gäste versuchen die Anzahl der Strahlen zu zählen und fragen sich, warum jeder Turm ein unterschiedliches Licht hat. Es sei hier verraten, dass der neue Leuchtturm drei Strahlenpaare hat, die ihn in sechsunddreißig Sekunden einmal umrunden. Die unterschiedliche Kennung der Strahlen ist für die Seefahrer gedacht, die in der Dunkelheit ihren Weg finden müssen.

Leitfeuer sind eine zusätzliche Navigationshilfe. In den Jahren 1960 und 1961 änderte das Wasser- und Schifffahrtsamt Emden das Leitfeuer am neuen Leuchtturm, da Flut- und Ebbstrom und Stürme immer wieder die Fahrrinnen verändern. Dazu wurde das sogenannte „Blumenfenster“, ein Erker am Turm, angesetzt, das inzwischen bereits wieder entfernt worden ist. Auch musste der Turm im Laufe seines Bestehens einige Male von außen saniert werden. Zuletzt 2003. Jedes Mal wird dazu das Gebäude eingerüstet. Diese „Verhüllung“ wirft Fragen bei den Badegästen auf. Warum, wieso, weshalb, möchten sie gerne wissen. Dazu gibt es eine schöne Anekdote, die sich tatsächlich so zugetragen haben soll.

Unschuldig fragende Touristen soll man nicht veräppeln. Haarsträubende Geschichten mit todernstem Gesichtsausdruck vorzutragen ist verwerflich, kein feiner Zug, so etwas macht man nicht. Wenn es doch nur nicht so viel Spaß machen würde! So geschehen bei Renovie-

Der neue Leuchtturm von 1879, halb eingerüstet.

rungsarbeiten am Borkumer neuen Leuchtturm. Wie ein jeder von Weitem sehen konnte, war der Turm im Sommer 2003 eingerüstet und mit einer grünen Plane verhängt.

„Was wird denn dort gemacht?“, wurde ein Einheimischer höflich gefragt.

„Der Turm wird um vier Meter nach Norden versetzt.“

Der Gast machte ein erstauntes Gesicht. „Warum denn das? Was für ein Aufwand, das kostet doch ein Vermögen!“

Der Gefragte lächelte wissend und trat näher an den Touristen heran. „Sicher ist Ihnen bekannt, dass durch die globale Erderwärmung der Meeresspiegel in den vergangenen Jahrzehnten um einiges gestiegen ist.“

Der Fragende nickte. Wer hat nicht davon gehört!

„Und wie Sie sicher ebenfalls wissen, ist der Turm mit seinem Leuchtfeuer, also den Lichtstrahlen, für die Schiffssicherheit unerlässlich.“

Der Gast nickte weiter verstehend, davon hatte schließlich jeder schon einmal etwas gehört. „Und was hat das mit dem Turm zu tun?“

„Das Turmlicht kann durch den erhöhten Meeresspiegel die Schiffe nicht mehr erreichen. Die ganze Angelegenheit hat sich verschoben. Man müsste, um sicher navigieren zu können, weltweit alle Seekarten ändern.“ Der Borkumer schaute in ungläubige Augen und setzte eins nach: „Auch die in Panama oder China.“ Dabei wog er abschätzend eine Hand.

„Können Sie sich vorstellen, was das kosten würde?“

Der Gast konnte es nicht, nickte aber trotzdem. Klang alles sehr logisch, je länger er darüber nachdachte.

„Nicht auszudenken, wenn in Zukunft ein Kapitän noch nach alten Seekarten fahren und auf das Borkumer Riff auflaufen würde“, fügte der Borkumer hinzu.

Der Gast schüttelte den Kopf. Das wäre fatal. Eine Katastrophe! Doch dann stutzte er und wagte einen Ein-

Der neue Leuchtturm wurde innerhalb von nur neun Monaten gebaut.

wand: „Aber es gibt doch heute GPS, Echolot, Radarleitstrahlen und was sonst noch alles.“
Für diesen Einwand erntete der unbedarfte Gast einen Blick, mit dem sonst unwissende Kinder bedacht werden. „Glauben Sie mir, das Borkumer Riff ist so tückisch und gefährlich, dem hat die moderne Technik nichts entgegenzusetzen. Also, versetzten wir den Leuchtturm um vier Meter nach Norden!“
Das leuchtet ein, oder?

Mit Schröder und Putin

ECKE BAHNHOF und Fußgängerzone Bismarckstraße stehen zwei Herrschaften über den Inselplan gebeugt. Ein hilfreicher älterer Borkumer mit weißer Schirmmütze, in heller Hose und dunkler Jacke – er wirkt wie eine Amtsperson – spricht sie an:

„Kann ich Ihnen helfen?"

„Wir suchen das Haus von Gerhard Schröder." Eine häufig gestellte Frage. Ein zweiter Insulaner tritt interessiert näher und lauscht.

„Ah, Sie möchten wissen, wo unser Altkanzler wohnt. Nichts leichter als das!" Ausführlich erklärt der wie eine Amtsperson wirkende Insulaner den kürzesten Weg. Hier gleich über die Schienen rechts, die vierte Straße wieder rechts, dann geradeaus bis fast zum Strand, dann links bis zum Ende gehen, kurz rechts halten, wieder links. Ganz einfach zu finden. Dann sind Sie im Greune-Stee-Weg. Diese Straße gehen Sie bis fast zum Ende, rechte Hand, kurz vor dem Jakob-van-Dyken-Weg. Das war's. Aber er ist heute nicht da", fügt er an und erweckt den Eindruck, als sei Schröder sein bester Freund.

„Sie kennen ihn persönlich?" Respekt und Bewunderung ist aus diesen vier Worten herauszuhören.

„Hmmm", erklärt der Insulaner.

„Toll!" Der Neid der beiden ist ihm sicher. „Und wo ist Schröder jetzt?"

„Auf geheimer Mission." Der Einheimische beugt sich nach allen Seiten sichernd vor und flüstert etwas.

„Ist nicht wahr", freuen sich die Badegäste. „Das hat er Ihnen einfach so anvertraut?"

Der Borkumer nickt. Die Gäste sind beeindruckt, machen aber Anstalten, trotz Schröders Inselabwesenheit den erklärten Weg einzuschlagen. Der Insulaner ergreift die Hand eines der Gäste und führt ihn in Richtung Gleise.

„Dort hat der andere gewohnt.“ Er zeigt auf ein Hotel.
„Wer?“
„Putin!“
„Was, der hat hier auf Borkum gewohnt?“
„Na klar. Von hier aus hat er damals sein neuestes Atom-U-Boot in Auftrag gegeben. Ist ja gleich hier um die Ecke!“
Suchend schauen sich die Badegäste um.
„Können Sie von hier nicht sehen. Sie sind aber garantiert vorbeigekommen, als Sie zur Insel anreisten. Ich meine Emden. Zwischen 1971 und 1974 wurden dort bei den Nordseewerken die ‚U18‘ und die ‚U24‘ gebaut.“
„Aus der Klasse 206 A? Die sind 4,60 Meter breit und rund 500 Tonnen schwer und können 22 Mann Besatzung nehmen. Maximalgeschwindigkeit unter Wasser liegt bei zehn Knoten.“ Verdammt, der Mann kannte sich aus. Ein gefährliches Pflaster für den Insulaner, der die Wahrheit gern formte.
„Ah, ich sehe, Sie wissen Bescheid. Aber jetzt was anderes. Haben Sie schon unsere riesigen Sandflächen am Nordstrand gesehen?“ Seine Hand zeigte Richtung Strand. Die Gäste nicken. „Dort haben sie ‚Lorenz von Arabien‘ gedreht, Sie wissen schon, den Wüstenfilm.“
Wunderbar, dachte der bisher still zuhörende zweite Insulaner. Zeit sich einzubringen. „Und dort, meine Herrschaften“, sagte er und zeigte auf das Nachbargebäude, „hat derzeit Wilhelm Busch sein bekanntes Borkumgedicht verfasst.“
„Was Sie nicht sagen.“

„Hermine sagte mir, sie wollte,
Dass ich ihr mal was dichten sollte.
Ich sagte ja! – Und also hü!
Fährt jetzt mein Geist per Phantasie
Nach Borkum, legt sich auf die Düne
Und dichtet was für die Hermine.

Von einer Düne sieht man weit,
Das Meer ist voller Flüssigkeit“,

zitiert er.
„Wernher von Braun hat übrigens die beiden ersten Flüssigkeitsraketen, Typ Aggregat 2 nach Wilhelm Buschs Helden Max und Moritz benannt. Die sind vom Borkumer Steerenklipp abgeschossen worden.“
„Unverschämtheit, alles Schwachsinn. Hier auf der Insel gibt es nur Verrückte.“ Verärgert gehen die Badegäste weg.
„Du solltest keine so unglaubwürdigen Geschichten erzählen“, rügte der eine.
„Aber es ist doch die volle Wahrheit.“
„Die, mein Freund, will keiner hören.“

Auf Droge

DIE HÄUSER in der Fußgängerzone stammen fast alle aus dem Anfang des zwanzigsten Jahrhunderts. Die Fassaden sind teilweise bis heute erhalten, die Geschäfte jedoch haben sich der Zeit angepasst. In der oberen Franz-Habich-Straße befand sich über achtzig Jahre lang eine Drogerie. Gegründet wurde die „Adler Drogerie" von Cornelius Berents, der die Lizenz zum Verkauf von selbst angerührten Farben, Salben, Duftwässerchen und heilenden Drogen besaß. Damals galt das Trinken von Alkohol für Damen als anstößig. So machten sich die Insulanerinnen auf den Weg zu Cornelius, kauften harmlosen Himbeersirup, destilliertes Wasser und ein Fläschchen 90-prozentigen Alkohol und mixten ihren Likör selbst. Die Herren machten sich weniger Mühe, sie kannten Cornelius' ganz besondere „Droge", einen Kräuterlikör. Um diesen zu bekommen, klagte ein Borkumer ständig über Magenschmerzen und schnorrte sich so seinen Schnaps. Tagaus, tagein ließ er sich einen einschenken. Eines Tages wurde es Cornelius zu bunt und er mixte Rizinusöl darunter. Der Schnorrer hatte Mühe, zeitig genug nach Hause zu kommen. Am kommenden Morgen

Der Drogist Jacob Berents mit seinen Damen.

meinte er zu Cornelius Berents: „Mien Mage was as ein umgestülpte Hanske." Mein Magen war wie ein umgestülpter Handschuh.

Der Sohn von Cornelius, Jakob Berents, übernahm die Drogerie. Er verließ eines Tages zu Ladenöffnungszeiten sein Geschäft und stand unerwartet im Hausflur. Seine damals minderjährige Tochter und ihre Freundinnen überraschte er gezielt beim heimlichen Rauchen. Schnell versteckten die Mädchen die Glimmstängel. „Lasst euch nicht vom lieben Gott erwischen", tadelte er die Mädels und mit einem breiten Grinsen im Gesicht fügte er hinzu: „Und ihr wisst, wer hier im Hause der liebe Gott ist!"

In Jakobs Tochter Edith steckten die gleichen Schabernackgene. Mit ihren Freundinnen Ortraud und Trientje

Die Adler Drogerie in der Franz-Habich-Straße.

hielt sie sich oft am wenige Meter entfernten Bahnhof auf, meist dann, wenn junge Soldaten auf die Abfahrt der Inselbahn warteten, um die Kaserne am Hafen zu erreichen. Eine Tages hockten sechs junge Männer auf dem Zaun und warteten. Für die Teenager die Gelegenheit, die jungen Männer zu ärgern, die bisher keinen Blick an die 14-Jährigen verschwendet hatten. Vorsichtig schlichen die Mädchen sich von hinten heran. Auf Zeichen schubste die erste drei Männer herunter, die zweite zwei und die letzte einen Mann, da sie den weitesten Weg zur Flucht hatte. Ehe sich die Soldaten aufgerappelt hatten und über den Zaun gesprungen waren, um sich die Mädchen zu schnappen, waren diese bereits in der Franz-Habich-Straße und im Hausflur neben der Drogerie verschwunden.

Klaasohm

ZU DEN WICHTIGSTEN TERMINEN im Jahr eines Borkumers, die er nur ungern verpasst, zählen Klaasohm, Weihnachten und Polterabende. In genau dieser Reihenfolge. Seit wann und warum Klaasohm gefeiert wird, weiß keiner so genau, doch wird berichtet, dieses Fest stamme aus der Walfängerzeit. Damals, als die Männer Wale im Eismeer jagten, so erzählt man sich, kamen sie nach monatelanger Abwesenheit heim auf die Insel und stellten fest, dass die Frauen inzwischen das Sagen übernommen hatten. Die Männer wollten mit diesem Fest zeigen, wer ab sofort wieder die Hosen anhat.

Noch heute jagen jeden fünften Dezember sechs Klaasohms, ein Wiefke und ihr Gefolge durch Borkums Straßen und suchen nach Frauen, denen sie „Respekt" beibringen wollen. Erwischen sie eine, wird diese zum Klaasohm gezerrt, der ihnen den Po mit einem Kuhhorn versohlt. Doch alles der Reihe nach erzählt.

Nach Einbruch der Dämmerung trafen sich früher im „Dorfhotel", heute im Güterschuppen der Borkumer Kleinbahn, die Männer (Zutritt für Frauen verboten) zum traditionellen Kampf. Hier ringen die Klaasohms untereinander. Danach verlassen sie das Gebäude und stürzen sich in die wartende Menschenmenge. Mit viel Lärm, Scheppern der Teufelsgeigen, Läuten der Glocke und Tuten der Hörner beginnt das Laufen durch die Straßen.

Nach stundenlangem Treiben durch die Gassen, unterbrochen durch Besuche in Privathäusern (um sich zu erholen und Kindern Gelegenheit zu geben, traditionelle Verse aufzusagen), im Altenheim, im Krankenhaus und vielen Bierlokalen, treffen sich ab zweiundzwanzig Uhr alle am „D". Auf dem Foto Seite 41 können Sie sehen, was dann geschieht.

Über Klaasohm ist viel berichtet und geschrieben worden, womit man ganze Bücher füllen kann. Eine dieser Geschichten erzähle ich Ihnen. Es bleibt dem geschätzten Leser überlassen, ob er nachfolgende Anekdote glauben mag oder nicht:

„Ich möchte Anzeige erstatten“, sagte der Fremde. Er sah aus wie ein Mann, der sich jederzeit auf ehrliche Weise seinen Lebensunterhalt in einer Geisterbahn verdienen könnte. Er war ein hoch aufgeschossener Kerl, trug ein helles Hemd und eine verwaschene, viel zu kurze Jeans, die trostlos an seinem Körper schlackerte. Die Socken hatten Falten und steckten in braunen Schuhen.

„Gegen wen?“, fragte der Inselpolizist freundlich. Er besaß die Gabe der Unauffälligkeit, sehr nützlich für einen Polizisten. Er war ein unscheinbarer Typ, der sich selbst gern als Mensch mit Durchschnittsgesicht bezeichnete. Hätte der Fremde einen Blick auf die vom Uniformhemd verborgenen Tätowierungen werfen können, wäre er verwundert. Ein Sensenmann und ein rosenbekränzter Schädel leuchteten durch dunkle Oberarmhaare hindurch.

„Gegen mehrere Männer aus dem Verein, der das gestrige Fest veranstaltete hat.“ Oh, ja, das gestrige Fest, dachte der Polizeibeamte genüsslich. Einmal im Jahr wurde Anfang Dezember auf der Insel ein Fest gefeiert, dessen Ursprung aus der Walfängerzeit stammte. Die ganze Inselbevölkerung war auf den Beinen und feierte. Der offizielle Teil endete damit, dass sich sieben auserwählte und maskierte Männer hoch oben auf einer Litfaßsäule trafen und sich vom Publikum unter ihnen zujubeln ließen.

„So, so. Da gibt es viele. Was hat man Ihnen denn getan?“

„Sie haben mich absichtlich verletzt.“ Der Fremde zeigte seine Blessuren. Am Unterarm war ein fünf Zentimeter großes, blaugrünes Hämatom zu sehen, daneben eine

kleine Hautabschürfung. Das Gleiche habe er auch auf beiden Beinen, behauptete er mit wehleidigem Gesicht. Außerdem war, man musste schon genau hinschauen, ein Anflug von einem blauen Auge zu erkennen.
„Man hat Sie also verletzt“, sagte der Polizist trocken. „Na, dann erzählen Sie mal.“
„Nun, einer dieser Schweinepriester, er trug ein T-Shirt mit der Nummer acht auf dem Rücken, fing an. Sicherlich können Sie ihn anhand der Nummer identifizieren“, sagte er hoffnungsvoll. Der Inselpolizist wiegte leicht den Kopf hin und her. Er kannte den Träger der Nummer acht.
„Na, jedenfalls hat er mich an den Füßen gezogen. Dann brutal weggeschubst, und als ich mich wehrte, hat er mich vor die Brust gestoßen. Aber ich konnte ihm eines auf die Nase geben. Dabei bin ich in die Arme eines anderen Mannes mit gleichem T-Shirt gestolpert, der mich ebenfalls schubste. Dem trat ich vors Schienbein. Dann bin ich hingefallen. Sehen Sie, was mir diese Schweinepriester angetan haben.“ Er zeigte nochmals auf seine blauen Flecken.
Der Polizist nickte bedächtig, von den Verwundungen unbeeindruckt, ehe er fragte: „Nun verraten Sie mir mal eines. Wie konnte der eine Sie denn an den Füßen ziehen?“
„Ich wollte auf die Litfaßsäule.“
Der unauffällige Orts-Gendarm verzog sein durchschnittliches Gesicht und kräuselte düster seine Stirn. „Gestern Abend?“, brummte er.
„Ja.“
„Die auf dem sogenannten D?“
„Dieser Straßenkreuzung. Genau!“
Das war also der unverschämte Fremde, der sich erdreistet hatte, eine Tradition zu stören. Dieses Fest zählte für die Insulaner zu den höchsten Feiertagen, den niemand verpassen wollte.

Die ganz besondere Litfaßsäule in der Westerstraße: Das „D“.

Und jetzt stand er frech vor ihm, dieser Frevler und Schänder, der gestern versucht hatte auf die Litfaßsäule zu klettern. Unglaublich, dieses Recht stand in der kalten Dezembernacht nur sieben auserwählten Männern zu. Eine Ehre und ein Privileg, von dem sie bis an ihr Lebensende erzählen konnten.

Noch nie hat einer gewagt, diesen Schlussteil des Festes zu stören, dachte der wackere Polizist düster. So eine Tat kam einem Sakrileg gleich. So, als rauche man in der Kirche oder ginge mit Schuhen durch eine Moschee. Der Inselpolizist tobte innerlich vor Wut, holte einmal tief Luft, dann hatte er sich wieder unter Kontrolle. Er fragte höflich: „Das war also gestern?“

„Ja. Am fünften Dezember.“

„Wie spät?“

„Zweiundzwanzig Uhr zehn.“

„So, so!“ Es bestand kein Zweifel, dieser Fremde war es gewesen. Er selbst hatte es mit eigenen Augen gesehen, wie er versuchte, die Litfaßsäule zu erklimmen und wie ihn die Borkumer Jungs daran gehindert hatten.

„Ja, und beim Hinunterziehen ist auch noch die Aufschrift der Säule kaputtgegangen“, fügte der Fremde hinzu.

„Welche Aufschrift?“

„Na, die aus Metall, müssen Sie doch kennen. Ist der Name eines Vereins.“

Der Polizist seufzte innerlich. Er glaubte einen schmerzenden Stich in seinem Herzen zu spüren, hatte er doch selbst im Schweiße seines Angesichts diesen Schriftzug gesägt, gefeilt und zusammengeschweißt und mit Freunden angebracht.

„Na denn, nehmen wir ein Protokoll auf.“

Die Augen des Fremden begannen hoffnungsvoll zu leuchten, um seinen Mund erschien ein harter, zufriedener Zug.

Man hätte später beschwören können, er habe sich sogar die Hände gerieben. Er freute sich schon auf das Schmer-

Am fünften Dezember gegen dreiundzwanzig Uhr springen die Klaasohms in die Menge.

zensgeld, auf das er die Männer verklagen wollte. Nachdem das Protokoll sorgfältig aufgenommen, vorgelesen und unterschrieben war, sagte der Polizist zufrieden: „Das war das Protokoll. Dann werden wir jetzt mal die Anzeige aufnehmen."
„Ja, können Sie das denn?"
„Sehe ich aus wie ein Staatsdiener, oder nicht?"
„Natürlich", versicherte der magere Fremde schnell.
Umständlich, man könnte fast glauben genüsslich, klemmte der Polizist ein neues Blatt Papier in die Schreibmaschine und begann zu tippen. „Beleidigung eines kirchlichen Vertreters", sagte er zufrieden und genoss die Reaktion des Fremden.
„Wie?"
„Sie sagten Schweinepriester!"
„Richtig."
„Der Mann mit der Nummer acht auf dem T-Shirt ist der hiesige Pastor!"
Der Fremde schluckte hart und schaute sich Hilfe suchend um.
„Dann haben wir noch die Beschädigung fremden Eigentums."
„Ja?"
„Sie haben eben zugegeben, und das habe ich schriftlich, dass Sie mit Ihrem Fuß die Metallschrift kaputt gemacht haben."
„Aber ..."
„Tätlicher Angriff auf eine Person oder mehrere Personen des öffentlichen Interesses. Schwerer Tatbestand, kann ich nur sagen. Wie kann man nur einem Pastor eins auf die Nase geben. Und der andere, dem Sie vors Schienbein getreten haben, war höchstwahrscheinlich unser Bürgermeister. So was, und das auch noch vor Tausenden von Zeugen?" Der Ordnungshüter schnalzte mit der Zunge und schüttelte den Kopf, der Fremde schwitzte und bekam einen hochroten Kopf.

„Hinzu kommt noch die Anzeige wegen Beamtenbeleidigung."
„Nein!"
„Doch!" Der Polizist grinste. „Sie haben meine Kompetenz angezweifelt. Ist nur ein paar Minuten her."
„Nein."
„Doch! Müller!"
Jetzt erst bemerkte der Fremde, dass in seinem Rücken, in der hinteren Ecke des Raumes ein Schreibtisch stand, an dem ebenfalls ein Polizist saß. Dieser konnte sich nur mit Mühe stillhalten, hätte er doch liebend gerne jetzt gelacht.
„Müller, Sie sind Zeuge."
„Jawohl, Herr Kommissar."
Der Kommissar schaute traurig auf den Fremden, schüttelte betrübt den Kopf und seufzte abgrundtief, als stünde der größte Sünder aller Zeiten vor ihm und er wollte ihn vor Strafe bewahren.
„Ich überlege gerade ..."
„Ja?", fragte der Fremde hoffnungsvoll.
„Ich überlege gerade, ob ich Sie gleich in Untersuchungshaft stecken soll. Verdunklungsgefahr wäre ein Argument, was meinen Sie, Müller?"
„Zur Tatzeit war es draußen dunkel", stimmte Müller dem Kommissar zu.
„Was reden Sie da Müller?", fragte der Kommissar. Lange konnte auch er sich das Lachen nicht mehr verkneifen.
„Sie gehen jetzt in Ihr Hotel zurück. Morgen Vormittag sehen wir uns hier auf der Wache wieder", brummte der Kommissar und entließ damit den Fremden.
Von Weitem beobachteten zwei zufriedene Borkumer Männer aus einem Streifenwagen heraus, wie ein groß gewachsener dünner Mann mit zu kurzen Jeans und einem Koffer in der Hand eilig das letzte Schiff des heutigen Tages erreichte.

Daniels Fasan

ÄLTERE INSULANER und Gäste erinnern sich an die Tierausstopferei Lübberstedt. Dieser dunkle, geheimnisvolle und übel riechende Laden befand sich in der Bismarckstraße. Wesentlich früher, schon im Jahre 1909, verdienten die Gebrüder Bekaan aus der Neuen Straße 38 sich ihr Geld auf gleiche Weise. Eine Werbeanzeige aus dieser Zeit inspirierte mich zu folgender Geschichte:

Es war die Ehefrau, die Daniel untersagt hatte, nach Geschäftsschluss noch irgendwo einzukehren. Er musste pünktlich zu Hause sein, durfte keine Umwege machen oder gar sich irgendwo festreden. Im Moment tat er alles, was sie ihm verboten hatte. Er hat einen Umweg gemacht, war in der Kneipe „Giftbude“ eingekehrt und redete angeregt mit ein paar Männern. Er hatte bereits zwei Gläschen Bier getrunken und setzte sich eben über ein weiteres Verbot hinweg, indem er einen Schnaps trank und seinen Thekenkollegen ebenfalls einen spendierte. Er lacht in sich hinein. Zwei Verbote, denkt er vergnügt. Ilse würde toben, wenn sie wüsste, dass er so freigiebig mit ihrem Geld umging.

„Hey, was hast du denn da?“, grölt einer seiner neuen Freunde und zeigt auf die weiße Plastiktüte, die unter Danieles Barhocker steht. Schon bückt er sich und schaut hinein. „Ein toter Vogel!“ Triumphierend zieht er das Tier heraus, zeigt es den anderen, indem er das Federvieh an den Beinen hängend hochhebt und schüttelt. Der Fremde greift nach dem schillernden Kopf, ruckelt an ihn, klemmt sich das Tier unter die Achseln und reißt mit beiden Händen den Schnabel auseinander. Albern kichernd schaut er in den Schlund. „Da kommt jetzt erst mal Schnaps hinein.“

„Bitte nicht“, hört Daniel sich verzweifelt rufen und sieht aus, als wolle er sich für seine Anwesenheit ent-

schuldigen. Zwei Federn fallen zu Boden, Daniel greift danach.
„Was ist das überhaupt für ein Tier?“ Der zoologisch Unterbelichtete nimmt das gute Stück an den Flügelspitzen und zieht diese auseinander.
„Nicht, Sie machen ihn kaputt.“
Hämisch lachend zieht er weiter an den Schwingen bis es knackt. „Sag schon, was ist das?“
„Ein Fasan – ein Hühnervogel. Es ist ein männliches Tier, man sieht das an dem wunderschönen farbigen Federkl...“
Die Thekenrunde und der viehische Leichenfledderer überhören seine Erklärung. Daniel kennt das schon. Der Viehdieb dreht dem toten Vogel mehrmals den Hals um, Daniels Magen macht das Gleiche. „Den Vogel bekommst du nie im Leben wieder vernünftig hin“, denkt Daniel verzweifelt. An die Gardinenpredigt seiner Ilse mag er nicht denken.
„Her mit dem Messer, der Kopf muss ab“, dröhnt der Mann. „Aber erst noch einen Schnaps. Dann geh ich in die Küche, rupf das Vieh und koche uns was Schönes davon.“
„Aber das ist meiner“, widerspricht Daniel leise und ungehört.
„Fasan mit Äpfeln und Pflaumen, dazu eine ganze Flasche Cidre. Zeig mal deinen Apfelschnaps“, fordert er den Wirt auf. Eine volle Pulle wird ihm gereicht. Der künftige Koch dreht am Verschluss, der knackt, die Falsche ist randvoll. Er nimmt einen großen Schluck und zeigt den restlichen Cidre der staunenden Thekenmannschaft.
„Genau so viel muss an den Braten“, verkündet er.
„Du schenkst ihn mir doch, mein Freund?“ Eine rein rhetorische Frage an Daniel.
„Den wollte ich eigentlich ausstopfen“, wagt er zu widersprechen und denkt schaudernd an das Donner-

wetter, wenn er seiner Ilse ohne Vogel unter die Augen tritt.

„Ausgestopft – ne – das hast du falsch verstanden. Mit Backpflaumen gestopft, das ist besser."

Daniel nimmt allen Mut zusammen und versucht nach seinem Fasan zu greifen.

„Nicht doch, mein kleiner Freund", foppt ihn der Hühnerdieb.

„Es ist so ein schönes Tier – bitte."

„Und lecker, das kann ich dir sagen."

„Nein, nein, bitte. Ich muss es ausstopfen."

„Mach ich für dich – mit Äpfeln und Zwiebeln." Der Hühnerdieb belauert Daniel und nimmt noch einen Schluck aus der Flasche.

„Was wolltest du denn in den Vogel reinstopfen?", ist er plötzlich interessiert.

„Eine Metallkonstruktion und Holzwolle." Daniel nimmt all seinen Mut zusammen und erklärt in groben Zügen, was er beruflich macht. Die Thekenbande ist nach wenigen Sekunden nicht mehr interessiert und widmet sich wieder ihren geistigen Getränken. Der Dieb jedoch, immer noch mit seiner Beute unter dem Arm, hat sich umentschieden. Er möchte sehen, wie Daniel so etwas macht.

„Das will ich mir persönlich anschauen. Wo ist deine Werkstatt?"

„Ein paar Straßen weiter."

„Gehen wir“, bestimmt er. Gemeinsam verlassen sie die Kneipe.
In Daniels Schaufenster, gleich neben den in Neonfarbe abgedruckten Werbebuchstaben – Tierausstopfer seit 1909 – hängt wie zum Beweis eine Kopie einer damaligen Werbeanzeige:

> Zum Ausstopfen und Präparieren von Vögeln und Säugetieren in jeder gewünschten Stellung, sowie Abbalgen zum Barett und dergleichen empfiehlt sich
>
> Gebrüder Schleif´s zoologisches Präparatorium. Besichtigung der fertigen Tiere ist zu jeder Tageszeit gestattet.

Umständlich öffnet Daniel die Tür und führt den ungebetenen Gast in seine Werkstatt. Dieser schleudert den Fasan auf die mittig stehende Werkbank. Knochen knacken, Federn knicken, und zarte Daunen fallen zu Boden. Es wird schwierig werden, die gebrochenen Vogelrippen wieder zu richten. Sekunden später ist diese Sorge nebensächlich.
Der ungebetene Gast betrachtet angewidert die Gläser im Regal. In klarer Flüssigkeit räkeln sich eingelegte Frösche, Schlangen und Salamander. In einem besonders hohen Glas schwimmt ein undefinierbares großes Objekt.
„Was ist das denn?“
„Sonderauftrag. Der Penis eines Stieres.“
Beeindruckt greift der Fremde danach und hält es hoch über sein Gesicht dem Deckenlicht entgegen. Dabei schwappt stinkende Flüssigkeit über, spritzt ihm ins Gesicht und rinnt in die Ärmelaufschläge. Angeekelt wirft er es fort. Das Glas streift ein unter der Decke hängendes Krokodil, das sich dreht und gegen Haifische, Seehunde, Füchse, Katzen, Eichhörnchen und anderes Getier stößt.

Der Hauptbadestrand auf Borkum 1968. Im Hintergrund ist die Strandvilla Hawich zu sehen.

Bedrohlich schwankend hält es nicht alle an der Decke. Ein paar Reptilien stürzen auf den Frevler herab, wenig später folgen die Säugetiere.

Der Mann stolpert rücklings gegen weitere vollgestellte Regale, in denen es von eingelegten Quallen und heimischen Vögeln wimmelt. Vom obersten Brett glotzen Exoten wie Papageien und Pinguine auf den Mann herab, ehe sie in den Sturzflug gehen. Die ihnen folgenden Gläser zerplatzen und verbreiten einen penetranten Geruch, der die Nasenflügel ätzt.

Der Fasanendieb schwankt, ebenso ein weiteres Regal. Der Mann weicht zurück. Das hätte er nicht tun sollen. Mit dem verlängerten Rücken kippt er weitere Flaschen um. Eine noch übler stinkende Flüssigkeit breitet sich auf dem Fußboden aus. Der Fremde reißt seine Hand nach oben, um sich die Nase zuzuhalten, seine Augen tränen, dass er nichts mehr zu sehen glaubt. Dabei befördert er weitere Gläser auf den Fliesenboden.

Er macht einen Schritt, rutscht in der glitschigen Masse von Fröschen, Quallen, Föten und wer weiß was noch

Strandvilla Hawich am Hauptbadestrand und Strandpromenade.

alles aus und versucht sich verzweifelt am letzten Regal festzuhalten. Das hätte er besser lassen sollen. Lebendig begraben unter totem Getier brüllt er wie ein angestochenes Rindvieh. Daniel, flink und wundersamerweise unbeschadet, springt herbei. Das Skalpell seines Großvaters zieht fachmännisch durch weiche Menschenhaut in dem Moment, als Ilse anruft. „Wo bleibst du denn? Geschäftsschluss ist schon längst vorbei. Wie oft muss ich dir noch sagen, dass du pünktlich zu Hause sein musst? Du kommst sofort, machst keine Umwege und quatschst dich nicht fest."

Die Haustür war noch nicht ins Schloss gefallen, da steht sie hinter ihm. „Du stinkst fürchterlich. Wasch dich und komm zu Tisch."

Mit päparatorisch geschulten Augen betrachtet er seine kleine und beängstigend zart gebaute Ilse. Ihre Haut ist teiggrau, aber das könnte er ändern. Sie hat schöne lange Wimpern und hätte seidiges Haar, würde sie es öfter mal mit der Haarbürste bearbeiten.

„Was starrst du so?“, fährt sie ihn an. „Und wie du wieder aussiehst. Wo warst du so lange?“
„Ein brandneues Exponat ist in letzter Minute hereingekommen“, verteidigt er sich.
„Ein neuer Auftrag?“
„Kann man so sagen. Ich werde in den nächsten Tagen Überstunden machen müssen.“
Ilses Augen verziehen sich zu kleinen lauernden Schlitzen.
„Etwas Außergewöhnliches. Eine Spezies, die, soweit ich weiß, in Kollegenkreisen noch von keinem ausgestopft wurde. Etwas ganz Besonderes.“
„Du hältst mich wohl für dumm, du weißt, ich kontrolliere das!“
„Sicher Schatz“, murmelt er. „Vielleicht habe ich ja Glück und dann bekomme ich auch noch ein zweites Exemplar.“

Borkumer Täubchen

BORKUM IST UMGEBEN vom Nationalpark Wattenmeer. Hier ist die Heimat und die Geburtsstätte vieler Vögel, Fische, Seehunde und anderem Meergetier. Borkum hat viele Tierliebhaber. Hundebesitzer lieben es, ihre Lieblinge im Winter über den Strand sausen zu sehen, im Sommer haben die Hunde ihren eigenen „Hundestrand". Pferdenarren finden hier die schönsten Reitreviere in den Dünen und am Meeressaum.
Auf dem Ostland und dem Steerenklipp können Vogelliebhaber riesige Schwärme von brütenden und durchziehenden Vögeln beobachten. So manch schillernder Fasan erschreckt mit seinem lauten Geschrei arglose Wanderer, die ihn gestört haben mögen. Und im Tierheim kümmern sich Tierliebhaber um ihre Schützlinge. Die Insulaner und auch viele Gäste haben ein Herz für Tiere und kümmern sich rührend um deren Wohl. Das führt uns zur nächsten Anekdote.
Die Mitarbeiter der Kurverwaltung Borkum (heute heißt es Wirtschaftsbetriebe) kümmern sich rührend um unsere Gäste und sind bemüht, all ihre Wünsche zu erfüllen. Manchmal ist das nicht so einfach. Im Laufe der vergangenen Jahrzehnte haben sie viele schöne Geschichten erlebt. Eine davon ist folgende:
Georg saß hinter dem blank geputzten Tresen des Touristikbüros der Borkumer Kurverwaltung und sortierte die restlichen Karten für den heutigen „Borkumabend", einer Veranstaltung mit einheimischer Musik und Folkloretänzen. Die Eingangstür des Gebäudes wurde umständlich und unter Zuhilfenahme von Füßen und Hüften von einer pummeligen Frau geöffnet, die irgendetwas umständlich in ihren Händen hielt. Als die Tür endlich ins Schloss fiel, drehte sie sich mit finsterer Miene zum Schalterbereich um, schnaubte einmal laut und heftig, als würde all das, was sie hier sah, nur ihre Verachtung

Das Verkehrsbüro im Bahnhofsgebäude, Ecke Bismarckstraßenseite in den 50er Jahren. Heute heißt es Touristikinformation.

finden, und stampfte mit riesigen Schritten Georg entgegen. Dieser wich automatisch auf seinem rollenden Bürostuhl zurück, obgleich der schützende Tresen die beiden Menschen trennte.

„Wisse Sie, was das ist?“, fauchte ihn die Dame an, die Georg auf etwa sechzig Jahre schätzte. Gehorsam schaute er auf das, was sich zwischen den Händen der Frau befand. Sie hielten einen schlichten Pappkarton.

„Eine Schachtel“, sagte Georg höflich.

Die Dame schnaubte noch einmal gereizt. Dann fummelte sie ein wenig an der kurzen Seite der Schachtel herum, klappte ein Stück Pappe beiseite und hielt ihre gespreizten Finger vor die Öffnung.

„Nun?“, fragte sie aggressiv. Durch die Finger hindurch bohrte sich ein kleiner graublauer Kopf, versehen mit

einem gelben Schnabel und zwei schwarzen ängstlichen Augen, die panisch hin und her kullerten. Die Hand öffnete sich ein wenig mehr und Georg sah einen gelben Streifen am Hals, darunter ein schillerndes Gefieder.
„Eine Taube?!“ Georg wusste nicht, ob er seine Antwort als Feststellung oder Frage klingen lassen sollte.
„Natürlich eine Taube“, keifte die Frau zurück. „Und, was sehen Sie noch?“
Ihre Frage klang aggressiv und Georg ahnte, dass er mit seiner Antwort vorsichtig sein musste. Er wollte sie auf keinen Fall verärgern. Also zögerte er. Augenscheinlich zu lange.
„Sie hat einen Ring“, schrie die Frau.
Taube und Georg zuckten zusammen.
Der junge Mann erholte sich schneller von seinem Schreck als der Vogel und erhob sich leicht von seinem Stuhl, um Interesse zu zeigen, so, als sei er gewaltig am Anblick eines Vogelringes interessiert, den er eh nicht sehen konnte, weil der Rest des Tieres im Karton steckte. Schließlich war es sein Job, neben der Vermittlung von Unterkünften und dem Verkauf von Eintrittskarten, Beschwerden, Hinweise und Anregungen der Gäste der Nordseeinsel Borkum entgegenzunehmen und sich darum zu kümmern.
„Ich sehe leider nichts“, wagte Georg anzumerken. Nie und nimmer hätte er sich in diesem Augenblick getraut, die aufgebrachte Frau zu fragen, was sie überhaupt mit dem Tier bezwecke.
„Sie sehen nichts?“ Die Badegastdame warf ihm einen vernichtenden Blick zu, fummelte dann an dem armen Vogel herum und zerrte schließlich eine beringte Kralle empor, um sie ihm zu zeigen. „Der Ring ist aus Holland.“
„Ah, ja“, sagte Georg. Mehr gab es nicht zu sagen.
„Und?“, wollte die Dame in herausforderndem Tonfall von ihm wissen.

„Was?“
„Sehen Sie denn nicht?“
Georg sah nichts als eine ganz verschüchterte Taube mit einem Ring am Fuß und schüttelte den Kopf.
„Das Tier ist aus Holland“, wiederholte sie sich und betonte dabei jedes einzelne Wort langsam und laut, als würde sie mit einem Kleinkind sprechen. In diesem Moment bemerkte Georg den leichten niederländischen Akzent in ihrer Stimme.
Gut, sie hat ein Tierchen aus der Heimat gefunden. Doch was wollte sie von ihm? „Schön, aus Holland“, sagte er matt.
„Und? Wie kommt das Tier hierher?“
Georg holte leise Luft und hoffte im Stillen, sein Vorgesetzter möge ihm den kleinen Anflug von Unverschämtheit verzeihen und wagte zu antworten: „Vielleicht geflogen.“
Er wollte auf keinen Fall frech klingen, schließlich war er erst vor wenigen Tagen hoch motiviert vom Kursus „Zufriedene und fröhliche Kunden“ zurückgekommen. „Wie benehme ich mich Kunden gegenüber richtig“ brauchte er nicht zu belegen, da er eine natürliche Veranlagung besaß, den Mitmenschen in seiner Umgebung das Gefühl zu geben, wichtig zu sein. Außerdem strahlte er eine Ruhe und Zufriedenheit aus, die sich auf viele übertrug. In seiner Nähe fühlte man sich wohl.
Die Taube nahm mittlerweile diese Schwingungen auf und gurrte zufrieden, die Frau hingegen starrte Georg an, als sei er ein ausgehungerter Kater, der seine unschuldige Beute beäugte. Schließlich wurde es dem friedlichen Georg zu viel. „Wissen Sie, das Fangen von Tauben ist auf Borkum, speziell am Strand, verboten!“
Eisige Blicke durchbohrten den jungen Mann und ließen Georg verstummen. „Ich habe nur Ihre Aufgabe in die Hand genommen“, schnaubte sie wutentbrannt.

„Schließlich arbeiten Sie in einem Touristikbüro und nicht ich!“
Das stimmte! Doch Georg wusste immer noch nicht, was die Frau konkret von ihm wollte.
„Ist das Tier vielleicht krank? Dann sollten Sie es zum Tierheim bringen.“
„Dieser Taube fehlt nichts.“
„Dann weiß ich wirklich nicht ...“ Weiter kam Georg nicht. In diesem Moment trat ein anderer Kunde hinter einem großen Ständer mit Prospekten hervor. Georg hatte den Mann vollkommen vergessen, der sich in Ruhe die ausplakatierten Angebote ansah.
„Wissen Sie, was das Beste ist?“, fragte er freundlich die Tierliebhaberin und trat näher. Sie schaute ihn interessiert an, nicht ohne einen triumphierenden Blick auf Georg zu werfen, so als wollte sie sagen: „Wenigsten einer, der mich versteht.“
„Sie geben sie mir“, sagte der Fremde und streckte die Hände nach dem Karton aus.
„Fünfunddreißig Minuten bei zweihundert Grad im Backofen ...“
Frau und Taube verließen fluchtartig das Gebäude.

Beileibe kein trockener Sport.

Die Strandsegelpiloten

ENDE DER 70ER-JAHRE brachten die Brüder Tjard, Derk und Georg Steemann das Strandsegeln auf die Insel. Nach Gründung des Strandseglervereines Borkum fanden bereits 1980 die ersten Inselregatten statt.

Mit den Piloten, so nennt man die Strandsegler, der Nachbarinseln Juist, Norderney und Langeoog wurde und wird so manch spannendes Rennen ausgetragen, in dem es nicht immer nur um die Ehre ging. Im Laufe der vergangenen zwanzig Jahre konnten Mitglieder des Borkumer Strandsegelvereins einige hervorragende Preise gewinnen. Die Insulaner segelten in allen europäischen Ländern, die über einen Strand verfügen, fuhren auf ausgetrockneten Salzseen in den USA und in afrikanischen Wüsten. Sie erhielten Titel wie deutsche Vizemeister, holländische Landesmeister, tunesische Strand-

Beim Start wird kräftig angeschoben.

segelmeister, ja sogar eine Borkumer Europameisterin holte sich in Irland den Pokal. In den Jahren 1988 und 1999 fanden auf Borkum die Europameisterschaften statt. Diese Spektakel dauerten immer sieben Tage und waren mit jeweils hundertfünfzig Teilnehmern aus allen europäischen Ländern und aus Übersee (Neuseeland und USA) gelungene Veranstaltungen.

Strandsegeln, was ist das überhaupt?

Ganz simpel gesprochen besteht ein Strandsegler aus einer dreieckigen Metallkonstruktion, versehen mit zwei Rädern hinten und einem vorne. Darauf sind ein Schalensitz und ein Mast befestigt. Ein gut fünf Quadratmeter großes Segel bringt das Gefährt in Bewegung, wenn man Glück hat, auf schnelle achtzig Stundenkilometer. Gelenkt wird mit den Füßen. In den Händen hält man die Schot, um das Segel zu bedienen und die Bremse, was, wie wir gleich erfahren, ganz wichtig sein kann.

Strandsegelsaison ist von September bis April. Kalte Winde, ab und an Regen und eisige Priele (Wasserläufe) am Strand machen es notwendig, warme Kleidung und wasserdichte Anzüge zu tragen.
Enno, ein Hansdampf in allen Gassen und bekannt wie ein bunter Hund, war überall dabei, wo es was zu Segeln gab und allerorts beliebt. Bei jeder Strandsegelregatta traf man ihn. Leider fehlte ihm neben der sportlichen Figur auch das Siegesglück. So fand man seinen Namen niemals unter den ersten sechs Plätzen, geschweige denn den besten drei. Das wurmte ihn fürchterlich, sah er sich selbst doch als den erfahrensten, fachkundigsten und weltbesten Strandsegelpiloten aller Zeiten an. Der Michael Schumacher unter den Seglern.
Traf wie immer das Gegenteil ein, war er gewitzt genug, eine passende Ausrede zu finden, warum und wieso es wieder einmal nicht geklappt hatte. Seine Erfindungsgabe war unübertroffen. Mal waren es die zu engen Schuhe, die falsche Windrichtung, zu weicher Sand, lockere Schrauben, lose Segellatten, glitschige Handschuhe und vieles mehr. In Ausreden war er unschlagbar.
Auch war Enno stets zu kleinen Scherzen und Streichen aufgelegt, selbst aber äußerst kritikanfällig. Ein An-

griffspunkt, der natürlich seine Sportkameraden reizte, die sich zur deutschen Strandseglermeisterschaft auf Borkum etwas ganz Besonderes für ihn einfallen ließen. Am Strand tummelte sich ein großes Teilnehmerfeld und ebenso viele Zuschauer. Der Regattaleiter trat wichtig vor, klopfte auf sein Megafon und verkündete: „Wir freuen uns, Ihnen heute etwas Besonderes bieten zu können. Der dritte Lauf dieser Deutschen Meisterschaft wird als Sonderrennen gewertet und honoriert. Ein Sonderpokal, gestiftet von der Firma ...", den Namen nuschelte er ins Mikrofon, er wurde vom Wind davongetragen. Das war beabsichtigt, denn es gab keinen Sponsor für diesen Sonderpokal.
Norbert, ein Segler von der Nachbarinsel Juist, hatte Wochen vorher von einer bekannten Reifenfirma ihr typisches Männchen, das vorne auf der Kühlerhaube einiger LKWs zu sehen ist, besorgt, es liebevoll mit roter Farbe besprüht, auf einen Holzsockel gesetzt und ihm eine Schärpe verpasst, auf der „Enno-Cup" stand. Was für ein toller Pokal. Nun galt es nur noch, ihn Enno gewinnen zu lassen.
Einfacher ausgeheckt als getan, wissen wir doch, bei Enno hat es bisher zu keinem Sieg gereicht. Heute musste er gewinnen, das war abgemacht. Die Segelkameraden steckten die Köpfe zusammen, angereiste Kollegen von den Nachbarinseln, aus dem Ruhrgebiet, den Niederlanden und Großbritannien hörten sich den Plan an. Alle wurden heimlich in das Unternehmen eingeweiht. Enno und seine Ehefrau Martha, die bei jedem Rennen aktiv als Zuschauerin mit ihrem Mann litt und ihm hilfreiche Anweisungen zurief, die er nie ausführte, wussten nichts von der Verschwörung.
Das Rennen begann. Alle Teilnehmer standen an der Startlinie, scharrten mit den Füßen und warteten auf das Startsignal. Die Flagge fiel und die Strandsegelwagen wurden kräftig angeschoben, um genügend Anfangsge-

schwindigkeit zu erhalten. Normalerweise rannten sich die Segler die Seele aus dem Leib, bevor sie in ihre Wagen sprangen, um an die vordersten Plätze zu gelangen. Wer am Start vorn lag, konnte erfahrungsgemäß diesen Platz das ganze Rennen halten.

Heute schielten alle mit einem Auge nach Enno. Was machte er? Kam er voran? Warum schob er nicht mit Leibeskräften!?

Die beiden Segler rechts neben ihm waren schon viele Meter voraus, das ging nicht! Sie wussten sich nicht anders zu helfen, als ihre Vorderräder ineinander zu verhaken, um etwas Freiraum zu schaffen und Enno die Chance zu geben, vorbeizukommen. Die Räder verkeilt, die Leinen verheddert, unter normalen Umständen kaum möglich! Aber es funktionierte. Enno schob an ihnen vorbei.

Die drei Sportler linker Hand ließen ihre Segel flattern, sodass sie keinen Wind aufnehmen konnten. Prompt blieben sie stehen. So mussten sie nochmals, natürlich äußerst umständlich, aussteigen, um erneut anzuschieben. Gut so. Enno schoss an ihnen vorbei.

Die restlichen Segler waren schon einige Hundert Meter voraus auf der großen Sandbank verschwunden. Heiko, ein Sportsmann aus Norderney, lag weit vorn und schaute sich verzweifelt nach Enno um. Wo blieb er nur?

„Am besten, ich fahre in die weiche Sandverwehung, da muss ich aussteigen und kann ihn vorbeilassen." Gedacht, getan.

Enno zog vorbei, überholte auch die anderen und setzte sich an die Spitze des Feldes. Na, wer sagt es denn, jetzt brauchte er diese Position nur noch weitere zwanzig Minuten zu halten.

Da, der Wind veränderte leicht seine Richtung. Hoffentlich hatte Enno es bemerkt. Leider nicht. Mit verzweifelten Gesichtern zogen ein paar Piloten an ihm vorbei. Sie konnten nicht anders, es wäre zu auffällig gewesen,

noch langsamer zu fahren, um hinter ihm zu bleiben. Sie krochen schon fast über den Strand.
An der ersten Wendemarke kam die nächste Chance, das Blatt erneut zu Ennos Gunsten zu wenden. Einer von den Seglern erzwang sich in der orangen Zone, dem abgesteckten Feld vor einer Wendemarke, die Vorfahrt, und kassierte dafür ein paar Strafpunkte. Gut so, dadurch verlor er einige Plätze in der Wertung. Ein anderer machte einen zu großen Bogen und landete in einem Priel. Nicht sehr tief, aber dafür recht kalt und nass. Was tut man nicht alles, damit der Plan aufgeht!
Enno rauschte heran. Martha, die das Geschehen von der Start- und Ziellinie verfolgte, war aus dem Häuschen. Begeistert feuerte sie ihren Mann an. Souverän überholte er einen um den anderen Segelwagen und fand sogar noch die Zeit, seiner Martha und den jubelnden Zuschauern zuzuwinken, als er die erste Runde beendete. Die Eingeweihten unter den Zuschauern grölten vor Begeisterung und sparten nicht mit Anfeuerungsrufen.
„Was macht der Idiot?", schallten plötzlich die harten Worte einer liebenden Ehefrau über den Strand. Die eben überholten Segler schlossen auf, da Enno durch den Zuschauerjubel an Konzentration und Geschwindigkeit einbüßte. Die Verfolger hatten ihre liebe Not, nicht zu schnell zu fahren. Sven drehte vor den Augen der staunenden Zuschauer einen Tiedeltopp. Ihm war keine andere Möglichkeit eingefallen, um seinem Wagen unauffällig die Geschwindigkeit zu nehmen.
Die kommenden fünfzehn Minuten ging es hin und her. Enno kämpfte sich von den ersten Plätzen zu den mittleren rauf und runter. Die regelfesten uneingeweihten Zuschauer wunderten sich über das ungewöhnliche Rennen, die Wissenden verfolgten das Geschehen mit angehaltenem Atem und die Ehefrau bekam fast einen Herzanfall vor Aufregung, da der Göttergatte ständig seinen Sieg zu verscherzen schien. „Ich halt das nicht

mehr aus, ich kann da gar nicht hinsehen“, stöhnte sie kurze Zeit später. „Jetzt musst du nur noch drei Segelwagen überholen, dann bist du Sieger“, rief sie begeistert gegen den Wind.

Georg, einheimischer Strandmatador und Präsident des Vereines, hockte in seinen Strandseglersitz und schaute sich hektisch mehrere Male um. Nur noch ein paar Minuten bis zum Ende des Rennens. Wenn nicht gleich etwas geschieht, schafft Enno es nie, ihn noch vor dem Ziel zu überholen. Verzweiflung machte sich in Georg breit. Beherzt griff er zur letzten Möglichkeit, die sich ihm noch bot. Er nahm zu viel Wind ins Segel, fuhr einige Hundert Meter auf nur zwei statt drei Rädern, luvte noch mehr an und brachte endlich den Wagen zum Kippen. Gefährlich, aber geschafft. Enno überholte.

„Was macht er denn jetzt?“, riefen einige Zuschauer ungläubig. Enno hatte es fertiggebracht, die einzige weiche Stelle am kilometerlangen Strand, bestehend aus schneeweißem Zuckersand, zu finden. Wie eine rote Kirsche auf einem weißen Sahnehäubchen saß er fest. Bis er aus seinem Wagen gestiegen war, um ihn aus dem weichen Sand zu schieben, sich wieder in den Sitz setzte und langsam an Fahrt aufnahm, waren fast alle anderen Rennteilnehmer an ihm vorbei, denn so langsam konnten sie nun wirklich nicht fahren. Jetzt galt es Taktik anzuwenden und sich etwas einfallen zu lassen. Man konnte noch ins Meer fahren. Etwas kalt um diese Jahreszeit, aber was soll’s. Gleich vier entschieden sich für diese Variante. Die anderen mussten sich was Besseres einfallen lassen, wollten sie nicht auffallen.

Eberhard versuchte ebenfalls seinen Wagen zu kippen, schaffte es aber nicht und fuhr einen weiten Bogen aus dem Rennfeld heraus, hielt an und tat so, als müsse er etwas an seinem Wagen reparieren.

Jetzt trennte Enno nur noch ein Segler vom Sieg. „Zieh an der Schot, gib Gas“, schrie Martha von der Start-

und Ziellinie. „Was macht er denn? Jetzt fällt er wieder zurück“, schimpfte sie. Unflätige Wörter für den Gatten folgten, die vom Ehemann ungehört im Wind verpufften.

Axel, ein korrekter Apotheker aus Essen, hatte in dem dreißigminütigen Gerangel völlig die Übersicht über den Verlauf des Rennens verloren. Er sah, wie die Zielflagge gehoben wurde und glaubte, er könne es wagen, jetzt über die Ziellinie zu fahren, denn Enno hätte bestimmt eine Runde, wenn nicht gar zwei, mehr als er selbst gefahren und läge damit einwandfrei vorn. Falsch gedacht.

„So eine Scheiße!“, fluchte Martha, „jetzt hat er sich auf die letzten fünf Meter schnappen lassen.“ Enno erreichte nur Sekunden später das Ziel. „Disqualifiziert! Du bist disqualifiziert!“, rief die Rennleitung Axel zu. Einen Grund dafür würden sie sich später einfallen lassen.

Endlich! Enno war Sieger. Der Jubel riss nicht ab. Die Gratulationsriege war lang, alle lachten und freuten sich über das gelungene Rennen. „Dir ist hoffentlich klar, dass dein Siegesglück nicht ohne Folgen bleibt“, gratulierte der Vereinspräsident. „Du wirst diesen Pokal jetzt jedes Jahr verteidigen müssen.“ In seiner Aufregung merkte Enno nicht, dass der sofort überreichte Pokal schon seinen Namen trug.

Die Wahrheit über den tatsächlichen Verlauf des Rennens ließ sich natürlich nicht lange verheimlichen. Enno nahm es mit Humor, blieb ihm ja auch nichts anderes übrig. Das Michelinmännchen steht heute im Borkumer Vereinshaus. Die Geschichte wird oft und gerne erzählt und auch Enno kann mittlerweile mit Begeisterung davon berichten.

So hören wir oft, wie er mit glitzernden Augen schwärmt: „Und da bekam ich einen Huschi (Windschub) und rauschte an allen anderen Seglern vorbei.“

NORDSEE
HOTEL

Hotelfront am Hauptbadestrand – eine der Treppen der Wandelhalle.

Die Nordsee kann so tückisch sein

DIE OSTFRIESISCHE KÜSTE und alle sieben ostfriesischen Inseln leben von der weißen Industrie, dem Tourismus. In dieser Branche sind der Service und die Freundlichkeit das A und O. Sollte es mit beidem nicht so recht klappen, beschwert man sich in der Regel. Einige erboste ältere Damen hingegen haben sich strenge Strafen einfallen lassen.

Elfriede trägt ein Abendkleid, das ihrer Enkeltochter besser gestanden hätte, doch nie im Leben würde ihre älteste Freundin so etwas sagen. Ihre Oberarme wirkten wie triefend nass hängende Teebeutel und ihr Rücken schien unter den Schultern Tränensäcke zu haben. Elfis tief sitzender Ausschnitt schrumpelte und versprach keine knackig festen Brüste mehr. Musste er auch nicht. Schließlich haben sie und ihre Freundinnen ihre besten Jahre lange hinter sich gelassen.

Trotz schwindender Schönheit und steigender Falten haben die drei, Elfriede, Klara und Waltraud, ein wunderbares Leben, turbulent, ereignisreich, nie langweilig. Sie gondeln durch die Welt, klappern die Küsten aller Kontinente ab und wissen gar nicht, wo sie zuerst anfangen sollen, so viel gibt es für die alten Mädchen zu tun. Ihnen geht es gut, denn statt ewiger Jugend haben die drei, Elfriede, Klara und Waltraud, etwas anderes, etwas viel Beständigeres, Bleibenderes, mit dem sie für immer und ewig etwas anfangen können und auch tun. Sie haben Geld! Massenhaft davon!

Elfis Kleid glitzert gülden mit den sonnenlichtreflektierenden kleinen Wellen im Borkumer Hafenbecken um die Wette. „Findet eine von euch die Brillis in meinem Ausschnitt ein wenig zu übertrieben?“, fragt sie kokett. „Für unsere Zwecke gerade das Richtige“, erklärt Klara, wobei sie einen Blick auf ihre braun gebrannten Hände wirft. Waltraud fragte sich immer, wie sie mit all diesen Ringen noch die Leinen und Fender ihrer Segeljacht bedienen kann, ohne sich einen dieser Klunker abzureißen.

Waltraud hingegen trägt nicht gerne Schmuck. Ihre Großmutter hat mal gesagt, Schmuck ist etwas für alte Weiber. Mittlerweile selber junge Urgroßmutter, kann sie sich trotzdem nicht überwinden, mehr als ein, zwei schlichte Teile anzulegen. Klaras Therapeut könnte ihr das Verhalten sicherlich erklären, doch sie gibt nicht viel auf dieses Psychogequatsche. Verrückte gibt es genug auf der Welt, die sollten erst einmal einen Seelenklempner aufsuchen, bevor sie sich bei denen auf die Couch legen würde. Nachher nimmt sie noch so einer armen Sau den wertvollen Arzttermin weg. Obwohl, als Privatversicherte könnte sie es sich erlauben.

Um auf andere Gedanken zu kommen, vergewissert sie sich bei ihren besten Freundinnen ein letztes Mal, ob sie in dieser Saison auch die richtige Wahl getroffen haben. Das ist wichtig. Der Höhepunkt ihrer jährlich stattfindenden ganz privaten Olympiade.

„Und ihr seid auch der Meinung, er ist der Richtige?"

Mit ER ist der Borkumer Hafenmeister gemeint. Ein Mann in den Fünfzigern, groß, schlank, gut aussehend, umgeben von einem erregenden Hauch Rasierwassers.

„Was fragst du andauernd, Waltraud? Wir waren uns doch einig. Er ist der Auserwählte, er hat alle anderen aus dem Rennen geworfen, sogar den Typen auf Juist."

Waltraud muss zugeben, Elfriede hat recht. Der Mann, der im Borkumer Hafen das Sagen hat, hat mit Abstand alle anderen Bewerber dieser Saison im wahrsten Sinne des Wortes im Regen stehen lassen. Auch wenn der leichte Niederschlag vor wenigen Tagen, genauer gesagt, bei ihrer Ankunft nicht der Rede wert gewesen wäre, schließlich sind sie erfahrene Weltenseglerinnen und haben ganz andere Wasser über uns hereinbrechen sehen. Doch dieses Erste, sie im Regen stehen lassen,

brachte ihn überhaupt ins Rennen. Ein Rennen, in dem er heute Nacht als Sieger hervorgehen wird.
Giovanni heißt er, so viel wussten sie bereits nach den ersten fünfzehn Minuten, die er sie hat wartend vor seinem Schreibtisch stehen lassen. Da konnte Klara noch so viel stöhnen und zittrig auf ihren alten Beinen stehen. Sie ist schon eine tolle Schauspielerin. Er bot ihr keinen Platz an.
Sie erwägten sofort, noch als sie ausharrend vor ihm standen, ob sie ihre Regel seinetwegen ändern konnten, denn noch nie hatten sie „Gastarbeiter" in ihrer Disziplin akzeptiert. Stets haben sie darauf geachtet, nur diejenigen zu akzeptieren, die auch aus der jeweiligen Region stammten. In Holland kam nur ein Niederländer infrage, in Dänemark nur Dänen und Griechen in Griechenland. Ordnung muss schließlich sein, wo kämen sie denn hin, wenn man auch Fremde zuließe. Schließlich weiß ein jeder, dass sich diese immer anders benehmen als im eigenen Land. Ob nun in der Karibik, im indischen Ozean oder in der Nordsee, immer haben sie nur Einheimische zugelassen.
Doch dieses Mal machen sie eine Ausnahme. Er ist der absolute Favorit, schlägt nach Jahren all die anderen aus dem Feld. All jene, die sich zwischen Hüfthalter, Zahnprothesen, Wickelbeinen und Krampfadern unwohl fühlten, die Menschen mit falschen Zähnen im Glas und gut gefüllten Medizinschränken nur Verachtung entgegenbrachten, statt, wie es uns unsere Mütter und Väter gelehrt haben, den Alten Achtung entgegenzubringen.
„Giovanni ist in diesem Jahr die Nummer eins. Wir finden keinen Besseren, glaub es mir", erklärt Klara, betritt für ihr Alter leichtfüßiger als erwartet den schwankenden Bootssteg. „Was ist, kommt ihr?"
Waltraud wirft einen Blick auf ihre Rolex. „Gleich achtzehn Uhr. Er wird jeden Moment schließen."

Giovanni davon zu überzeugen, trotz seiner Vorurteile ihnen gegenüber mit den dreien auszugehen, war einfach. Keiner dieser unfreundlichen Kerle kann der Macht des Geldes und dem unausgesprochenen Versprechen, einen guten Teil davon abzubekommen, widerstehen. Auch er nicht.

Ein paar Stunden später begleitet er sie zurück auf ihre Jacht. Elfriede konnte sich während des Essens nicht zurückhalten. Fast allein hat sie die Flasche Champagner ausgetrunken. Das tat sie immer. „Die Vorfreude macht mich so durstig, lasst mich doch“, waren ihre Worte.

Sie lassen sie, die Klara und die Waltraud. Alkohol hat den beiden noch nie richtig geschmeckt, was man vom Essen nicht behaupten kann. In ihrem Alter hat man eben nur ein faltenloses Gesicht, wenn es entsprechend rund ist.

„Wow“, ist alles, was er sagen kann, der Borkumer Hafenmeister, als er den Salon ihrer Jacht betritt. Man sollte doch meinen, er hat schon Prunk dieser Art genug gesehen, doch wir sind hier schließlich an der Nordsee und nicht in Miami oder St. Tropez.

Ein Stunde müssen sie noch warten, dann ist laut Tidekalender der niedrigste Wasserstand. Auch ist es noch nicht dunkel genug. Sie vertreiben sich die Zeit, indem sie die Siegerehrung dieses Mal etwas mehr auskosten, als all die Jahre zuvor.

Elfriede schenkt sich einen doppelten Kognak in einen Kristallschwenker ein und kichert für Waltrauds Geschmack ein wenig zu albern, als sie Giovanni ein gleiches Getränk reicht. Elfriede ist in dieser Saison diejenige, die den ersten Schritt machen darf. Sie haben da so ihre festen Regeln, schließlich muss so etwas gut durchdacht sein, da kann nicht jeder einfach so machen, was er will. Elfriede jedenfalls hat ihre Sache gut gemacht. Keine der Freundinnen bekam mit, wie sie ihm die Tropfen ins Glas gab. Na ja, Übung macht den Meis-

Wo damals Holzschiffe ankerten, ist heute der Fähranleger.

ter. Über ihre Glasränder hinweg schauen sie sich an. Nicht nur Klara blitzt die Vorfreude aus den Augen.
Giovanni kann sein Glas eben noch rechtzeitig auf dem Tischchen abstellen, fast wäre ihm der Rest auf den edlen Teppich gekippt. Das hätte gerade noch gefehlt. Flecken gehen so schlecht aus hellem Stoff heraus. Beide Hände fallen ihm gleichzeitig hilflos zur Seite, er versucht etwas zu sagen, doch die Tropfen lähmen seine Lippen. Hoffentlich hat Elfriede nicht zu viel hineingetan, schließlich soll der Mann ja noch mitbekommen, warum er Sieger geworden ist und was sie mit den Gewinnern anstellten.
Ein Blick zum Fenster hinaus verrät Waltraud, dass es Zeit ist, ihre private Olympiade zu beenden. Im Borkumer Hafen liegen jetzt auch die letzten Jachten fest und bewegungslos im Schlick. Erst mit der in sechs Stunden

einsetzenden Flut haben sie wieder Wasser unter dem Kiel und können auslaufen.
Der schwierigste Teil besteht darin, ihren Helden über die Reling zu kippen. Giovanni ist ein zarter Mann und bereitet den dreien keine Probleme. Mit einem sanften Plopp bleibt er kopfüber im Schlick stecken.
„Was ist das denn", ereifert sich Elfriede. „Der schwimmt ja gar nicht." Sie hätte nicht so viel Champagner trinken sollen, dann hätte sie sich daran erinnert, dass es diesmal eine kleine Regeländerung gibt.
„Aber ich wollte ihm doch noch sagen, dass seine geflüsterten Worte ‚Wieder diese alten Schnepfen', als er uns das dritte Mal wartend stehen ließ, richtig ans Herz gingen."
„Ich fand es anregend, als er mich rücksichtslos beiseiteschubste und ich fast ins Hafenbecken gefallen bin", flüstere Waltraud, als das erste bisschen Meerwasser der einsetzenden Flut seine schwarzen Brusthaare umspülten.
„Nicht zu vergessen, das falsche Wechselgeld, das er uns herausgegeben hat", schwärmt Klara. „Da hat er uns gehörig übers Ohr gehauen."
„Seine unfreundlichen Worte waren aber auch nicht von Pappe", stelle Waltraud fest.
„Und die pappigen Brötchen, die er uns an Bord brachte, waren von vorgestern."
„Service nannte er es."
Sie kichern und schwelgen in Erinnerung an die von ihm geleistete Servicewüste der letzten Tage.
„Wir sollten hineingehen, es wird langsam frisch."
„Außerdem sieht man von seinem knackigen Po auch nicht mehr viel. Wie schnell doch das Wasser kommt!"
„Die Nordsee kann so tückisch sein!"

Hupkonzert

DIE MEISTEN MENSCHEN verlassen die Insel mit der Fähre. Viele von ihnen mit der Autofähre. Die Wagen werden im Bauch des Schiffes platzsparend verstaut. Hierfür verantwortlich sind die Mitarbeiter der Reederei. Bevor man also mit seinem Auto auf das Schiff fahren kann, wartet man darauf, dass einer dieser Arbeiter die Pkws auf die Fähre winkt. Da kann es schon mal zu kleinen Problemen kommen.

Josef strahlt eine Energie aus, die Menschen davon abhält, zu fragen, was er eigentlich macht. Kaum einer wäre auf die Idee gekommen, dass er eine Pension leitet. Dabei war das genau der richtige Job für ihn, drangsaliert und piesackt er doch gerne hilflose Zimmermädchen und Küchenhilfen. Jetzt, da er seit einigen Wochen Angestellte hat, die ihm Paroli bieten, fehlt Josef entschieden die Macht, die er sonst über andere hatte.

Als er mit seinem Wagen an zweiter Stelle in der Warteschlange zur Autofähre wartet, hat seine Laune ihren Tiefpunkt erreicht. Vorn winkt ein Reedereimitarbeiter zum Weiterfahren, doch sein Vordermann rührt sich nicht. Stattdessen vernimmt Josef stotternde Motorengeräusche. „Typisch Frau! Ihnen sollte man ein für alle Mal das Autofahren verbieten.“ Genervt haut Josef mit der flachen Hand auf sein Lenkrad und hupt drei- bis viermal. Der Gedanke, dass es ihm gelingen könnte, mit dauerndem Hupen die Frau vor ihm schikanieren zu können, tröstet ihn ein wenig. Der Fahrzeugeinweiser winkt ein anderes Auto vom Ende der Warteschlange. Es fährt auf die Fähre.

Vor ihm im Wagen meint Josef förmlich das angespannte Gesicht einer Frau sehen zu können, die mit einem Schweißfilm auf der Stirn, in panischer Angst davor, den Wagen bald gänzlich abgesoffen zu haben, weiter ihren Motor stottern lässt.

Die Münsterland wurde 1964 in Dienst gestellt.

„Macht ist geil“, frohlockt er und hupt fröhlich drauflos. Vorn leuchten plötzlich die Rücklichter auf. Ein ähnliches Leuchten tritt in Josefs Augen, als er sieht, wie die Fahrerin aus ihrem Wagen steigt und auf ihn zukommt. Energisch klopft sie gegen sein Fenster und hält ihm ihre Autoschlüssel vor die Nase. „Sie können ja mal versuchen, ob mein Wagen anspringt. Ich hup so lange für Sie weiter!“

Anschreiben

EIN PAAR SCHRITTE südlich von der Adler Drogerie, Ecke Westerstraße, wurde bis in die 60er-Jahre hinein ein Fisch- und Lebensmittelgeschäft geführt. Hier gab es teilweise noch lose Ware zu kaufen.
„Guten Tag, Herr Rogge“, wurde der Inhaber des Ladens begrüßt. Der Kaufmann grollte innerlich. Das war wieder einmal typisch für Jakob Berents. Konnte er seinem frischgebackenen Schwiegersohn, der vom Festland kam, nicht sagen, das „Rogge“ nicht sein wirklicher Name war? Er hasste seinen Spitznamen „Jaap Rogge“, den man ihm gegeben hatte, weil er viel Fisch, demzufolge auch Rogen, verkaufte.
Des Kaufmanns gute Laune war verdorben. Jetzt fehlte nur noch Frau Müller, die immer anschreiben ließ und unpünktlich zahlte. Seit über sechs Wochen hatte er kein Geld mehr von ihr gesehen. Und wirklich, durch sein Schaufenster hindurch sah er, wie sie eben ihr Anschreibheftchen aus der Einkauftasche herausnahm und zufrieden damit wedelte. Er seufzte. Das versprach kein guter Tag zu werden. Entsprechend knapp fiel sein Gruß für Frau Müller aus.
Frau Müller wusste, dass sie im Laden von „Jaap Rogge“ seit einiger Zeit nicht mehr gerne gesehen wurde, weil sie ihre Außenstände noch immer nicht beglichen hatte. Nicht, dass sie das Geld nicht hatte. Es bereitete ihr Vergnügen, Leute zu piesacken. Zu beobachten, wie sich der Kaufmann unterwürfig gab, obwohl er sie am liebsten fortgejagt hätte, machte ihr Spaß. Sie trat an den Verkaufstresen. Geringschätzig betrachtete sie die Auslagen. „Auf Wiedersehen, Herr Rogge“, sagte eben der junge Mann. Mit Vergnügen registrierte Frau Müller das finstere Gesicht des Ladenbesitzers. „Was darf es heute sein?“, knurrte er.

Ein alter Colonialwarenladen in der Von-Frese-Straße.

Frau Müller verlangte von dem losen, selbst eingelegten Sauerkraut aus dem Holzfass zu kosten, in dem Bewusstsein, Jaap hiermit zusätzlich zu ärgern. Dieses Spielchen ging über mehrere Lebensmittelverkostungen weiter, bis Jaap der Kragen platzte, als sie ihm zur Begleichung der heutigen Rechnung das Anschreibbuch unter die Nase hielt.
Frau Müller wusste, wann es besser war, zu zahlen und zückte ihre Geldbörse. Schnell rechnete Jaap zusammen und sie legte ihm die Summe auf den Tresen. „Bitte im Buch quittieren", verlangte sie.
Jaap tat wie verlangt, mit einem süffisanten Grinsen im Gesicht. Im Büchlein stand: „Betrag erhalten!" Und statt einer Unterschrift, dafür aber doppelt unterstrichen: „Gott sei Dank!"

Hotelfront am Hauptbadestrand, 50er-Jahre.

Dampflok

SEIT ÜBER HUNDERT JAHREN werden Gäste und Einheimische vom Hafen aus mit der Borkumer Kleinbahn gut sieben Kilometer über schmale Schienen hinweg in den Ort befördert. Diese nostalgische Eisenbahn wird heute wieder von einer richtigen Dampflok gezogen. Die Lok ist allerdings nicht hundertprozentig antik, denn der Kessel wurde auf Heizölbrenner umgerüstet. Alles andere an ihr ist „echte Dampflok"!

„Mir ist zu Ohren gekommen, dass alles an diesem Ding Lug und Trug ist", sprach ein älterer Gast am Inselbahnhof den Lokführer Konrad an, mit dem Gesichtsausdruck und dem Tonfall eines Menschen, der alles

weiß, was es auf der Welt nur zu wissen gibt. Konrad reagierte empfindlich, wenn man abwertend von der dunkelblauen Dampflok redete und widersprach vehement. Er versuchte die Technik zu erklären, der Mann jedoch wollte ihm nicht glauben und sagte dies auch. Die Zeit wurde knapp, Konrad musste pünktlich abfahren.
Er winkte den Mann näher an sich heran. Wenn der Herr es unbedingt so hören wollte, an ihm sollte es nicht liegen. „Ich hoffe, Sie sagen es nicht weiter. Sie haben recht. Im Kessel haben wir einen Dieselmotor eingebaut und die Geräusche kommen vom Band. Sie brauchen gar nicht zu suchen, Sie sehen sie nicht, die Lautsprecher sind gut versteckt und der Dampf wird von einem Dampferzeuger hergestellt. Tun Sie mir einen Gefallen, erzählen Sie es nicht weiter."
„Hab ich's doch gleich gewusst!", frohlockte der Mann und stolzierte gut gelaunt davon.

Abwasch

EBBE UND FLUT bestimmen viele Bereiche des Lebens auf den Ostfriesischen Inseln. Die Einheimischen behaupten, die meisten Kinder werden mit auflaufendem Wasser geboren und eine auffallend große Anzahl alter Menschen stirbt mit dem Einsetzen des Ebbstromes. Der Unterschied der Gezeiten ist am augenfälligsten am Strand zu sehen und in einem der Borkumer Jachthäfen. Regelmäßig, zweimal am Tag, liegen dort viele der Jachten „auf dem Trockenen".
Ein paar „Bootjefahrer" saßen morgens in der Sonne und frühstückten. Einer der Herren war heute mit dem Abwasch an der Reihe und hatte so gar keine Lust dazu. Das Meerwasser war gerade wieder abgelaufen. „Bleiben wir noch etwas länger hier?", wollte er von seiner Crew wissen.
„Klar doch, erst heute Nachmittag fahren wir weiter."
„Na, dann. Zeit genug." Mit diesen Worten warf er das Geschirr über Bord. „Fertig! In zwölf Stunden könnt ihr dann abtrocknen."

Silbermöwen.

Weitere InselBücher aus dem Wartberg Verlag

Jedes Jahr Langeoog
von Eg Witt
80 Seiten, gebunden,
Zahlreiche S/w-Fotos
(ISBN 978-3-8313-1971-8)

Bis gleich vor der Milchbar
von Corinna Dreyer-Vizzi
80 Seiten, gebunden,
Zahlreiche S/w-Fotos
(ISBN 978-3-8313-0000-0)